BERNANOS ET BALZAC

par Tahsin Yücel

ARCHIVES DES LETTRES MODERNES

1974 (6)   (IV)   n° 154 608-611

interférences

TAHSIN YÜCEL

Bernanos et Balzac

FRANÇOIS FRISON

Maurras et Bernanos
influences littéraires

Pour atténuer en partie les effets de l'aug-
mentation des coûts de fabrication et main-
tenir les nouveaux prix de vente dans des
limites acceptables, nous avons été amenés à
publier ce fascicule des *Archives des lettres
modernes* dont le contenu devait à l'origine
figurer dans une livraison trop volumineuse
de *La Revue des lettres modernes* :
Études bernanosiennes 15

ARCHIVES
Bernanos

SIGLES ET ABRÉVIATIONS

Dans les références des textes cités, sauf mention contraire, la pagination renvoie à :

I   *Œuvres romanesques suivi de Dialogues des Carmélites* (Paris, Gallimard, 1966, « Bibliothèque de la Pléiade »). [*Œ, I*]

II   *Essais et écrits de combat*, I (Paris, Gallimard, 1972, « Bibliothèque de la Pléiade »). [*Œ, II*]

Bull.	*Bulletin de la Société des Amis de Georges Bernanos.*	
Corr., I	*Correspondance.* T. I. [*Combat pour la vérité*] *(1904—1934).*	
II	T. II. [*Combat pour la liberté*] *(1934—1948).* Paris, Plon, 1971.	
Lui-même	*Bernanos par lui-même*	
ÉB	*Études bernanosiennes.*	
Ang	*Lettre aux Anglais.*	
Che	*Le Chemin de la Croix-des-Ames.*	
Cim	*Les Grands cimetières sous la lune.*	[*Œ, II*]
Cré	*Le Crépuscule des vieux.*	[*Œ, II*]
Cri	*Un Crime.*	[*Œ, I*]
Dia	*Dialogues des Carmélites.*	[*Œ, I*]
Dom	*Saint Dominique.*	[*Œ, II*]
Enf	*Les Enfants humiliés.*	[*Œ, II*]
Fra	*Français, si vous saviez.*	
GP	*La Grande peur des bien-pensants.*	[*Œ, II*]
Imp	*L'Imposture.*	[*Œ, I*]
J	*La Joie.*	[*Œ, I*]
JCC	*Journal d'un curé de campagne.*	[*Œ, I*]
Jea	*Jeanne, relapse et sainte.*	[*Œ, II*]
Len	*Le Lendemain, c'est vous !*	
Lib	*La Liberté pour quoi faire ?*	
M	*Nouvelle histoire de Mouchette.*	[*Œ, I*]
MR	*Un Mauvais rêve.*	[*Œ, I*]
Nous	*Nous autres Français.*	[*Œ, II*]
O	*Monsieur Ouine.*	[*Œ, I*]
O*	*Monsieur Ouine* [édition intégrale annotée].	
Rob	*La France contre les robots.*	
S	*Sous le soleil de Satan.*	[*Œ, I*]
Scan	*Scandale de la vérité.*	[*Œ, II*]

A l'intérieur d'un même paragraphe les séries continues de références à un même texte sont allégées du sigle initial commun et réduites à la seule pagination ; par ailleurs les références consécutives à une même page ne sont pas répétées à l'intérieur de ce paragraphe.

A l'intérieur des citations seuls les mots en PETITES CAPITALES sont soulignés par l'auteur de l'étude.

ISBN : 2-256-90345-1

S 'IL reste un romancier contemporain qui voit en Balzac son maître incontestable, c'est sans doute cet auteur imaginaire, mais vivant, cet intéressant personnage d'*Un Mauvais rêve* : Emmanuel Ganse. Alors que tant d'autres, loin de se réclamer de Balzac, cherchent d'abord à marquer la distance qui les en sépare et qui, par conséquent, les en affranchit, Ganse ne pense qu'à l'imiter jusque dans les moindres détails de son existence : il veut vivre, penser et écrire comme Balzac, il tâche de travailler, parler et calculer comme Balzac, il pose en Balzac. Il semble même que, pour lui, il ne peut y avoir de roman que balzacien et que la tâche de tout romancier digne de ce nom, c'est de refaire, en quelque sorte, la route que l'auteur de *La Comédie humaine* a déjà faite. Il reste que cet excès d'admiration et de fidélité ne lui profite en rien et n'aboutit qu'à faire de lui le personnage le plus balzacien de l'œuvre romanesque de Bernanos[1] : il est, par exemple, Lousteau moins l'humour ou, mieux, Nathan plus la persévérance.

notes pp. 23-24

Emmanuel Ganse, on le sait, est un romancier non sans génie, et Raoul Nathan se distingue par un génie avenant ; Ganse est une célébrité d'origine obscure, et l'origine aussi obscure de Nathan, c'est ce qu'il cache le plus ; Ganse s'ébat dans le beau monde « *ainsi qu'un sauvage au risque de gâcher en quelques mois la matière future de son œuvre* » (Œ, I, 879), et Nathan, ce « *fantassin crotté* », risque jusqu'à son honneur pour « *être aimé par une des reines du beau monde* » (B, II, 128) ; Ganse va « *toujours flairant et fronçant, tantôt dupe, tantôt complice, avec des contresens énormes, d'épaisses niaiseries, qui font rire, et découvrant soudain par miracle le petit fait unique qu'il a reconnu aussitôt entre mille, d'instinct, seul fécond parmi tant d'autres* » (Œ, I, 879), et Nathan, toujours dupe et complice tant de sa propre vanité que des rapaces tels que du Tillet, la « *continuité du travail appliquée à la construction d'un monument, il l'ignore ; mais dans le paroxysme de rage que lui ont causé ses vanités blessées ou dans un moment de crise amené par le créancier, il saute l'Eurotas, il triomphe des plus difficiles escomptes de l'esprit* » (B, II, 90) ; Ganse, à court de sujet dès qu'il s'agit de nourrir son œuvre de sa propre substance, s'attache « *avec une humilité poignante aux pas de[s] personnages falots* » de son entourage, il rêve même de tirer d'une « *marionnette un livre sur la nouvelle génération* » (Œ, I, 932), et Nathan, son homologue évident, tire toute la matière de son œuvre des « *idées qui s'abattent sur Paris, ou que Paris fait lever. Sa fécondité n'est pas à lui, mais à l'époque : il vit sur la circonstance* » (B, II, 87). Enfin, sur un visage plein de « *feu* » et de « *mouvement* » (91), Nathan a des « *yeux bleus dont le regard traverse l'âme* » (92), et Ganse, grand homme à la « *face encore puissante* » (Œ, I, 942), se distingue par un regard « *infaillible* », doté de ce « *feu sombre dont il disait lui-même, après Balzac, qu'il "plombait les imbéciles"* ».

Cette affinité frappante entre les deux romanciers imaginaires ne suffit certes pas à conclure à l'existence d'une affinité aussi pertinente entre leurs créateurs respectifs. Mais c'est déjà un signe, et l'on sait que Bernanos, sans jamais partager la fidélité servile de son personnage, voit en Balzac le « maître » de son adolescence. Il n'est donc pas de ceux qui, opposant « *d'une façon simplette le roman dit* balzacien *au roman moderne* »[2], considèrent le grand écrivain comme un romancier tout à fait dépassé ; loin de là ; il parle pertinemment de sa pensée « *forte* » et « *dense* », du « *bonheur* » inégalable qu'il a dans l'art de créer, il affirme qu'« *on trouve dans* La Comédie humaine *tous les éléments d'un système social, politique* » (Œ, II, 1166), il cite ses personnages comme des êtres qui ont réellement existé, il lui arrive même de le prendre à témoin dans ses pamphlets : « *Pour savoir ce que nous pensons de la Bourgeoisie française, il suffit de lire ce qu'en écrivaient jadis Balzac et Flaubert* [...].» (663).

On le voit, Bernanos admire en Balzac non seulement le romancier, mais aussi le penseur et le polémiste, et c'est d'abord son attitude sociale et politique, apparemment contradictoire, qui le rapproche de lui : « *J'écris à la lueur de deux Vérités éternelles : la Religion, la Monarchie* » (B, I, 9), affirme Balzac avec force, et cependant, le plus grand nombre des personnages qui peuplent La Comédie humaine « *sont des révoltés, des conquérants, des hors-cadre, qui jettent un défi aux préceptes d'un monde où tout resterait à sa place* »[3]. Autant dire que l'« *auteur de cette œuvre immense et étrange est de la forte race des écrivains révolutionnaires* »[4]. Or, Bernanos, tout comme Balzac, ne cesse d'affirmer qu'il est royaliste et catholique, et, parmi les personnages authentiques de son œuvre romanesque, il n'y en a pas un seul qui ne soit en conflit avec son entourage, pas un seul qui accepte le monde tel qu'il est. Michel Estève le qualifie de « *monarchiste révo-*

lutionnaire » [5], et toute son œuvre polémique confirme ce jugement critique : « *J'ai remis mon espoir entre les mains des insurgés* [écrit-il dans sa *Lettre aux Anglais*]. *J'en appelle à l'Esprit de la Révolte* » (*Ang*, 194), car, pour lui, l'« *attitude naturelle de l'esprit est une attitude de rébellion* » (*Œ*, II, 1217).

Toutefois, chez Balzac comme chez Bernanos, cette « *attitude de rébellion* » n'a rien d'une infidélité : elle ne résulte ni d'une contradiction, ni d'un revirement, mais bien plutôt d'une confrontation douloureuse, celle de l'idée qu'ils se font des valeurs humaines avec un monde qui, le plus souvent, feint de les faire siennes, mais qui, par un étrange procédé, « *recommence à rebours le mystère de l'Incarnation* » (*Œ*, II, 673), pour les changer en autant d'éléments pratiques et quotidiens d'un système de valeurs sans transcendance. Qu'il se flatte d'être libéral comme au temps de Balzac ou qu'il déifie la démocratie comme au temps de Bernanos, il semble que c'est toujours un monde en ruine : « *Ces cœurs desséchés, ces existences perdues, ces arts qui augmentent la richesse sans rien ajouter au bonheur ; il fallait faire voir, au sein de la civilisation, fleur éclatante et factice, le ver qui la ronge, le poison qui la tue* », écrivait Philarète Chasles en parlant de *La Peau de chagrin* [6] ; ces mots de Gaëtan Picon lui font écho avec plus d'un siècle de distance : Bernanos « *était engagé, lui, vraiment, et à corps perdu, dans le drame de la décadence française* » [7].

Ce monde de la décadence, c'est, pour l'un et pour l'autre auteur, un monde d'égoïsme et d'avarice, soumis à la plus inhumaine des puissances, c'est-à-dire à l'argent : « *Les lois, les écrits, les mœurs puent l'argent* », s'écrie Balzac, et il ajoute : « *La puissance argent nous mène à la plus triste des aristocraties, celle du coffre-fort* » [8]. Bernanos le confirme avec amertume : « *Tous les maîtres présents du monde s'accordent entre eux sur un point, c'est qu'ils sont les créatures de la Force, celle de l'Or ou celle du Fer.* » (Œ, II, 709-10). Balzac affirme que dans une société où « *tout stimule le mouvement ascensionnel de l'argent* » (B, V, 262), où l'argent devient le « *pivot, l'unique moyen, l'unique mobile* » (III, 371), la vie se change en un « *désert d'égoïsme profond* » [9], l'homme n'est plus qu'une créature finie, « *une machine, un cheval de manège qui fait ses trente ou quarante tours, boit, mange et dort à ses heures* » [10], il n'y a plus de place pour « *la foi et l'amour* », et la « *légalité* » même ne sert plus qu'à des « *friponneries sociales* » (B, III, 782). Et Bernanos, avec plus d'acuité, nous parle également du « *capital* » devenu « *prophète* » (Œ, II, 816), de cette « *activité bestiale* » (1161) qui ouvre le « *règne de la masse domestiquée* » (*Rob*, 27), de l'« *animal économique* », où « *tout n'est plus qu'injustice et désordre* » (Œ, II, 747). Or, étant donné que, d'après Balzac, « *il est impossible de ne pas être ou la victime ou le complice de ce mouvement général* » (B, VIII, 477), étant donné que, d'après Bernanos, « *on ne saurait trouver de dupe totalement irresponsable de la duperie dont elle est à la fois, presque toujours, dupe et complice* » (*Lib*, 185-6), la seule issue qui reste devant l'écrivain libre, c'est d'écrire *Le Père Goriot* et *Jésus-Christ en Flandre, Sous le soleil de Satan* et la *Nouvelle histoire de Mouchette* pour dire ce monde spirituellement ruiné, c'est d'élever toute sa voix afin de « *relever l'homme, c'est-à-dire de lui rendre, avec la conscience de sa dignité, la foi dans la liberté de son esprit* » (*Lib*, 187).

Devant ces correspondances évidentes que l'on pourrait multiplier encore, on est tenté de souscrire à l'opinion de Gaëtan Picon quand il écrit : « *Bernanos fait songer à Balzac plus dans ses pamphlets que dans ses romans.* » [11]. Cela semble parfaitement plausible puisque tout univers romanesque est par définition un univers fermé sur lui-même, ayant sa structure propre et s'articulant selon ses propres lois, tandis qu'une œuvre polémique, plus que tout autre texte, naît de la confrontation d'une individualité avec le monde extérieur. On a cependant l'impression que Picon compare Bernanos pamphlétaire avec Balzac romancier, car il ajoute :

C'est que, pour le polémiste, le monde réel n'est autre que le monde de l'Histoire vu avec le jeu complet de ses couleurs. Alors que le romancier ne retient de l'Histoire que la seule donnée qui s'accorde à sa hantise spirituelle : la situation de l'Église dans le temps. De l'histoire du XIXᵉ et du XXᵉ siècles, pourtant si complexe, si chargée de péripéties sociales et politiques, le romancier n'a vu qu'un chapitre. Seul, le *Journal d'un curé de campagne*, dans les deux dialogues déjà cités, déborde cette histoire cléricale en évoquant la situation du soldat dans le monde moderne et la situation de la société dans son ensemble. [11]

Or, outre que ces lignes semblent contredire les propres affirmations de l'auteur telles que : « *La matière du polémiste, c'est la société française contemporaine. C'est aussi la matière du romancier* » [12], on hésite à réduire à la seule « *situation de l'Église dans le temps* » tout le contenu de l'œuvre romanesque de Bernanos. Car, on le sait, *Un Mauvais rêve* et la *Nouvelle histoire de Mouchette* sont deux romans de Bernanos où il n'est presque pas question de l'« histoire cléricale », *Un Crime* ne s'y rattache que d'une façon indirecte, et, de *Sous le soleil de Satan* jusqu'à *Monsieur Ouine*, tous les romans de Bernanos débordent sans cesse la première de ses hantises spirituelles. On sait, d'autre part, que le roman bernanosien se veut d'abord témoignage, et témoignage sur le monde actuel : *Sous le soleil de Satan* « *est un des livres nés de la guerre* » (Œ, II, 1039), *Mouchette*, également, est née de la guerre d'Espagne (I, 1853).

On peut certes objecter qu'il s'agit là des témoignages « transfigurés », que Bernanos y essaie de « *faire rentrer dans l'ordre spirituel la vaste infortune humaine* » (Œ, II, 1049), alors que Balzac parle de « *faire concurrence à l'État Civil* » et d'être l'« *historien* » ou, plus humblement, le « *simple secrétaire* » de la société française au XIX⁰ siècle, qu'il appelle ses œuvres non des romans, mais des « études ». Cependant, si l'on tient compte de ce que même *Séraphîta* fait partie de ces « études », on convient que Balzac ne procède point à un témoignage direct sur son temps et qu'il a, lui aussi, ses « hantises spirituelles ». Ce souci de témoigner chez Bernanos, ces prétentions scientifiques de Balzac ne prouvent qu'une chose : c'est que, pour eux, le roman en tant que tel n'est jamais un but en soi et que le premier des devoirs de l'écrivain, c'est de profiter de toutes les possibilités qu'offre un genre donné pour dire le monde.

De là peut-être cet autre trait qui semble rapprocher les deux auteurs, à savoir la « digression », cette « *possibilité infinie d'intervention* » qui met en évidence « *le jugement et le lyrisme* » du romancier [13]. Il est pourtant assez hasardé d'en faire un critère pour rapprocher ou opposer deux auteurs différents, car elle se présente sous de si multiples formes qu'il s'avère presque impossible de procéder à une comparaison adéquate. Par exemple, elle existe de fait, mais non de droit dans le *Journal d'un curé de campagne* et dans les *Mémoires de deux jeunes-mariées*, elle épouse la trame et le rythme mêmes du récit dans *Z. Marcas*. Il en va de même de ces « *longues descriptions qui "ouvrent" les romans balzaciens* » [14] : les romans de Balzac ne s'ouvrent pas toujours par de longues descriptions, ni surtout par la description du « milieu » où l'auteur va nous introduire. Ainsi, pour n'en citer que quelques-uns, *Les Comédiens sans le savoir* débutent par ce qu'on appellerait une simple « présentation », *L'Envers de l'histoire contemporaine*, par le simple récit d'une rencontre, et *Une Passion dans le désert* s'ouvre sur une exclamation qui, elle, va introduire un dialogue.

C'est que les romans de Balzac ne s'organisent pas selon un schéma unique, fixé une fois pour toutes ; bien au contraire, ils offrent entre eux des divergences souvent importantes et ne correspondent qu'en partie à ce qu'on a coutume d'appeler le « roman balzacien ». Les romans de Bernanos ne sont pas moins divergents, puisque « *trois cycles se détachent indiscutablement* » dans l'« *inspiration romanesque* » du grand écrivain [15]. C'est dire que, sur le plan de la forme, une comparaison conséquente entre ces deux œuvres romanesques considérées dans leur ensemble, se révèle tout à fait illusoire. Toutefois, ce qui s'avère impossible sur le plan de la forme, ne l'est pas forcément sur le plan du contenu.

Il suffit, pour s'en rendre compte, de reprendre le dernier trait reliant Emmanuel Ganse à Raoul Nathan, à savoir le regard, étudié assez en détail par B. T. Fitch dans l'œuvre de Bernanos [16], et par l'auteur de ces lignes dans l'œuvre de Balzac [17].

Effectivement, en citant Balzac à propos du regard de Ganse, Bernanos signale, sans le savoir peut-être, une affinité qui existe non seulement entre celui-ci et le maître de son adolescence, mais aussi entre ses propres personnages et ceux de Balzac, entre l'univers romanesque de Balzac et le sien. Car ce regard infaillible, d'un pouvoir surnaturel, n'est le propre ni de Nathan ni de Ganse ; on le retrouve aussi bien chez un grand nombre de personnages de Bernanos que chez ceux de Balzac : il « terrasse », « subjugue », « écrase » (B, X, 329) et « poignarde » (IX, 272) chez Balzac ; il « pétrit » et « modèle » (Œ, I, 316), il « brise » (952) et « déconcerte » (900) chez Bernanos ; il est, chez l'un et l'autre auteur, une force incomparable, un moyen de connaissance sans égal en même temps qu'un langage direct, non linéaire, « *il fournit*

*un moyen de communication privilégié, un pont traversant
l'espace physique entre deux consciences* » [18].

Mais tout regard n'est pas communication : il y en a qui,
au contraire, indiquent l'absence ou le refus de toute sorte
de communication avec autrui. Par exemple, le regard d'un
personnage bernanosien apparaît dans une « *eau trouble* » et
traduit la « *volonté du mensonge* » (Œ, I, 1124) ; le regard
d'un personnage balzacien devient « *terne et froid* » et exprime
la « *répulsion* » ou la « *haine* » (B, II, 695, 791), il « *cache de
profondes émotions et les plus exacts calculs* » (V, 40) : un
regard terne et froid, donc sans chaleur et sans lumière, c'est
d'abord un regard qui se refuse à la communication.

Par contre, chez Bernanos aussi bien que chez Balzac,
un regard capable de lire et de communiquer tous les secrets,
tous les sentiments et toutes les pensées « *à travers l'obstacle
charnel* » (Œ, I, 216), s'accompagne toujours d'une lumière
plus ou moins intense. C'est par un regard d'un « *insuppor-
table éclat* » (B, II, 805) que l'on impose sa volonté à autrui,
c'est par un « *regard brillant et lucide comme celui des ser-
pents et des oiseaux* » (X, 329), par un « *regard de feu* »
(IX, 288) vomissant des « *courants électriques* » que les yeux
des personnages de Balzac écrasent, stupéfient, deviennent
d'une « *véloce communication* ». C'est encore par un « *regard
de feu* » (Œ, I, 316), en faisant « *jouer dessus* » son intense
lumière et en le modelant par un irrésistible « *trait de feu* »
que les yeux des personnages de Bernanos forcent la « *face
devenue tout à coup inintelligible* » (1401) du partenaire récal-
citrant. « *C'est la raison pour laquelle Bernanos parle des
regards "clos" des pécheurs que Chantal de Clergerie cherche
à "ouvrir" et à "réjouir"* » écrit B. T. Fitch avec justesse [19].

Mais pourquoi cette distribution identique ? Pourquoi,
chez l'un et l'autre romancier, cette correspondance pertinente entre le « lumineux » et la « communication » d'une

part, et d'autre part, entre le « sombre » et la « non communication » ? Si B. T. Fitch, à cause, peut-être, de sa méthode éclectique, n'y apporte aucune réponse satisfaisante en ce qui concerne Bernanos, il n'en reste pas moins que cette distribution se rattache à deux concepts opposés, mais fondamentaux de l'imaginaire bernanosien : le « feu », qui est le principe de la vie active, authentique, et l'« eau » qui est le principe de la mort spirituelle [20]. Cette lumière que l'on voit apparaître aux yeux des personnages de Bernanos, c'est la part qui leur a échu de cette « *mer de flammes vivantes et rugissantes* » (*Œ*, I, 1139), c'est ce feu intérieur qui « *flamboie dans chaque cellule nerveuse, règle chaque poussée du sang dans les artères, ainsi qu'un autre indomptable cœur* » (1417). C'est pour cela, d'ailleurs, que l'on voit l'abbé Cénabre, mort à la vie spirituelle, offensé par la lumière (327), c'est pour cela que le regard de M. Ouine, spirituellement mort lui aussi, a toujours l'« *air de flotter au ras d'une eau grise* » (1386), c'est pour cela que le vieux professeur trouve « *une espèce de calme et comme une sécurité* » (1470) dans l'obscurité et que le « *matin semble l'exclure dédaigneusement de la vie, le rejeter avec les morts* ».

Il en va presque de même dans l'œuvre de Balzac : cet éclat du regard dont il est si souvent question dans *La Comédie humaine* n'est rien d'autre que la manifestation de la « *lumière de l'âme* » (B, II, 376), de ce « *flamboiement divin* » (VII, 383), de ce « *feu subtil qui flambe intérieurement* » (II, 421). Ce feu divin, Balzac l'appelle le plus souvent le « fluide animique » ou la « substance éthérée » et en fait le principe même de toute la création. Il est donc normal qu'il se trouve à la base de tout acte authentique de l'homme et qu'il s'impose comme l'essence de ce qu'il appelle l'« énergie vitale », c'est-à-dire de la « force divine » qui est en l'être : la « *force divine se confond avec la substance éthérée ; dans notre monde elle se manifeste, toute proche encore de sa pureté originelle, sous l'espèce de divers fluides : la lumière, la chaleur, le galvanisme, le magnétisme, l'électricité* » [21].

Or, étant à la source même de l'être, il va sans dire que ce n'est pas seulement dans les yeux que se manifeste ce feu divin : il entoure l'être de toutes parts, il lui est à la fois intérieur et extérieur, et épouse le rythme de sa vie, car l'être authentique « *respire et vit avec la lumière* » (Œ, I, 626) : « *nous nous sommes séparés par des abîmes* », dit Séraphîta, « *vous êtes du côté des ténèbres, et moi je vis dans la vraie lumière* » (B, X, 555).

Mais la vie dans la lumière, comme le dit J.-P. Richard, « *est essentiellement auto-brûlure* » [22]. Chez Bernanos, toute vie, à tout moment, « *s'embrase* » (Œ, I, 1529), et c'est consumé « *jusqu'au dernier détour, à la dernière fibre de la chair* » (200) que l'homme arrive à réaliser son destin. Chez Balzac, de la même manière, « *toute vie implique une combustion* » (B, IX, 536), et tout acte authentique, essentiellement humain, s'accompagne d'une brûlure « *dont l'activité est en raison directe du résultat obtenu* » (537). Car, on le constate aussi bien dans l'existence de Louis Lambert que dans celle de l'abbé Chevance, aussi bien dans les métamorphoses du visage de Véronique Graslin que dans les souffrances atroces du curé de Lumbres, cette « auto-brûlure » ne va pas sans déchirement, sans une certaine diminution de l'être : « *Vouloir nous brûle, pouvoir nous détruit* » (IX, 40), dit justement cet antiquaire diabolique de Balzac. Toutefois, étant donné que le « *feu vient à bout de tout* » (Œ, I, 1521), qu'« *il n'y a pas de crasse* » qui puisse lui résister, cette destruction est d'abord une purification : brûlé dans ce feu divin, on devient absolument net et pur, brillant et pur (voir *Che*, 377), et, de la sorte, « *dégagé des liens mortels* » (I, 260), on vit dans une « *légèreté merveilleuse* », dans une prodi-

gieuse « *ascension* » (559), on « *vole* » (B, X, 464), on « *s'élève* »,
on monte comme une « *flèche* ».

Il va sans dire que, dans ces conditions, l'existence
humaine se définit comme un mouvement continu et que
ce mouvement, dirigé toujours vers le haut, s'impose comme
une histoire irremplaçable où il n'y a point de place pour
l'habitude, comme une « *succession sans répétition où tout
moment est unique* » (Œ, II, 11). Or, l'existence authentique,
tant pour Balzac que pour Bernanos, est exactement le
contraire d'une existence soumise à l'instinct de conservation, c'est-à-dire à l'égoïsme, à l'avarice et à l'indifférence,
qui sont les facteurs mêmes de l'immobilité ; elle réside
d'abord et surtout dans un mouvement vers autre chose que
soi-même, ou, plus précisément, « *dans le drame, dans l'espoir
d'une métamorphose, d'un avènement* », car il n'y a point de
destinée humaine « *hors de toute aventure, de tout risque* »[23].
Ainsi, ouvert à tout, toujours libre et disponible, on vit « *sur
son capital* » (*Lib*, 40), on engage « *totalement son âme* », on
se consume volontiers pour le but qu'on se propose, car,
pour l'un et l'autre auteur, l'existence authentique est en
même temps un don et un échange perpétuels[24].

Cette affinité étroite entre la vision du monde de Bernanos et celle de Balzac rend manifestes d'autres correspondances d'un autre ordre, à savoir la croyance aux physiono-
mies signifiantes et l'intrusion du surnaturel dans le monde
réel.

Pour Balzac, on le sait, toute physionomie est le miroir
du destin, de l'existence et des intentions de celui à qui elle
appartient. C'est pour cela que, dans ses récits, il brosse souvent des portraits aussi détaillés que possible, c'est pour cela
qu'il se réfère sans cesse à la « physiologie », à la « phréno-
logie », à la « physiognomonie ». Rien de tel dans l'œuvre
romanesque de Bernanos : on sait que, dès ses romans du

« second cycle », les portraits en tant que tels s'y font de plus en plus rares, ils se scindent et s'éparpillent tout le long du récit, en font une partie intégrante. Mais Bernanos n'en croit pas moins aux visages signifiants, et, souvent, dans ses romans aussi bien que dans ses écrits de combat, il scrute les visages humains pour saisir le sens profond qui s'y cache[25]. D'ailleurs, l'importance qu'il accorde au « regard », en est la preuve évidente.

Mais ce regard-communication qui éclate dans les yeux des personnages de Balzac et de Bernanos, prouve autre chose aussi : la fusion du naturel et du surnaturel dans les deux univers romanesques en question. Aussi est-il difficile de partager l'opinion de Michel Estève quand il écrit : « *les évocations physiologiques ne sont utilisées* [dans le *Journal d'un curé de campagne*] *que dans la mesure où elles servent de points d'insertion au surnaturel (nous sommes loin du système balzacien de correspondances psycho-physiologiques)* »[26]. En effet, outre que toute évocation physiologique ne sert pas de « point d'insertion au surnaturel » dans le *Journal d'un curé de campagne*, tous les traits des figures balzaciennes, et, plus particulièrement, ces regards-communication dont on peut mesurer l'immense pouvoir chez un Louis Lambert ou un Raphaël de Valentin, ne se réduisent pas facilement à un système de « *correspondances psycho-physiologiques* ». Car Balzac, ce « *grand pourchasseur de rêves, sans cesse à la recherche de l'absolu* »[27], arrive à dépasser la réalité même lorsqu'il peint le fait le plus quotidien et le plus banal de l'existence, il s'élève au-dessus de la matérialité même lorsqu'il rattache la « *pensée* » et la « *parole* » à l'une des « *quatre expressions de la matière* » (B, X, 449). Mais il y a plus : Albert Béguin, dans *Balzac visionnaire*, parle souvent des personnages balzaciens ouverts « *à des forces surnaturelles* »[28], de l'« *intrusion active du surnaturel dans l'exis-*

tence banale » [28], des « *présences sensibles de Satan et de Dieu,
exerçant leur influence, intervenant dans nos actes, guidant
notre sort »* [29]. Ce n'est donc pas sans raison que Bernanos, le
romancier par excellence du surnaturel, le qualifie de « *visionnaire »* (Œ, II, 1038).

Les correspondances entre les deux grands écrivains ne
s'arrêtent pas là, d'ailleurs. En effet, cette existence authentique, fondée sur le don et l'échange, que l'on a étudiée plus
haut, c'est, pour Bernanos, celle de l'« enfant », qui est un
« héros » dans ses actes et un « saint » dans son esprit [30]. Car
l'enfance, dans l'univers bernanosien, ne réside point dans
l'âge, elle est d'abord une disposition, une « *affaire de tem-
pérament ou, si l'on veut, d'âme »* (Œ, II, 521). Il n'y a donc
rien d'étonnant à ce que, pour Bernanos, les êtres authentiques se définissent comme des « *hommes qui ne sont pas
sortis de l'enfance, mais qui l'ont peu à peu comme agrandie
à la mesure de leur destin »* (Fra, 270), des hommes qui, ani-
més par l'amour, l'humilité et la pauvreté, ont su rester toujours purs et disponibles.

Or, si l'on tient compte de ce que pour Bernanos,
l'« *enfance est le vrai nom de la jeunesse »* (Fra, 270), on
s'aperçoit que le grand écrivain se rapproche une fois de plus
du « maître de son adolescence ». Effectivement, si l'enfance
bernanosienne, exempte d'habitudes, se définit comme une
ingénuité et une spontanéité sans bornes dans les actes et
dans la pensée, si elle consiste dans un dévouement sans
égal à une destinée essentiellement humaine, la jeunesse balzacienne n'en est pas différente : elle ne connaît point le cal-
cul, elle est « *incertaine en tout, aveugle et clairvoyante »* en
tout (B, V, 25), elle est « *cette noble pureté de conscience qui
ne nous laisse jamais transiger avec le mal »* (IX, 80), ce
noble dévouement « *aux grandes choses »* (VII, 756), « *cette
croyance sublime à une destinée »* (IX, 86). D'autre part, de

même que l'enfance bernanosienne est « *la dernière réserve du monde, sa dernière chance* » (*Lib*, 102), de même, la jeunesse balzacienne s'impose comme un principe d'espoir : « *les dangers viendront, et la jeunesse surgira* » (B, VII, 757), affirme Z. Marcas, l'un des personnages les plus représentatifs de *La Comédie humaine*. « *Vous périrez certes pour ne pas avoir demandé à la jeunesse de la France ses forces et son énergie, ses dévouements et son ardeur* » (757-8), prophétise ensuite le même personnage. Et Bernanos qui, comme l'écrit justement Michel Estève, « *a toujours vu en elle la force essentielle de l'évolution* » (Œ, II, XVIII), ne fait que le confirmer : « *Le monde se meurt faute d'enfance* » (1312) ou, ce qui revient au même, faute de jeunesse.

Il convient de préciser cependant que la jeunesse, chez Balzac, semble étroitement liée à cet « *âge qui pour les hommes se trouve entre vingt-deux et vingt-huit ans* » (B, VII, 877), alors que, pour Bernanos, l'enfance est essentiellement une vocation, « *une sorte de prédestination* » (Œ, II, 521). Ce n'est pas tout, d'ailleurs ; alors que l'enfance bernanosienne, agrandie au niveau du destin, aboutit à l'héroïsme ou à la sainteté, l'idéal, dans l'univers de Balzac, c'est de parvenir à ce qu'il appelle la « *sphère du Spécialisme* » (B, X, 452) et de se changer en « *ange* », c'est de se trouver au point d'intersection de cette sphère avec celle de ce qu'il appelle l'« *Abstractivité* » et de devenir « *poète* ». Or, si l'être du « Spécialisme » se rapproche du saint bernanosien par son aspiration « *à Dieu qu'il pressent ou contemple* », il s'en écarte par cela même qu'il cherche à dépasser sa condition de créature humaine, à quitter la terre pour le ciel, car le saint bernanosien, toujours mû par l'amour, par l'humilité et par la pauvreté, assume d'abord cette condition méprisée et partage délibérément le sort des hommes. Le poète balzacien, lui non plus, n'a pas toujours cet amour et cette humilité incomparables qui distinguent le héros bernanosien : il peut être indifféremment artiste, homme de science, homme d'action ou même homme de Dieu, sa vocation, c'est d'être un « créateur » qui, animé d'une force supérieure, tente de changer la face du monde : « *Napoléon est un aussi grand poète qu'Homère ; il a fait de la poésie comme le second a livré des batailles* » [31]. Mais ces poètes de Balzac ont ceci de particulier que leur but, en faisant de la poésie ou en livrant des batailles, c'est d'imposer leur propre ordre et non pas de rétablir celui de Dieu. En effet, de même que l'« ascension » de Séraphîta, malgré toute la puissance de son amour de Dieu, fait penser plus à une « concurrence » qu'à une « imitation », de même les êtres forts de Balzac défient non seulement la société, mais aussi toute la création : Vautrin veut se charger du rôle de la « Providence », Goriot veut « être Dieu », Cosme Ruggieri veut dominer l'avenir, Frenhofer, d'un mélange de « *couleurs confusément amassées et contenues par une multitude de lignes bizarres* » (B, IX, 412), cherche à faire naître la beauté idéale : le mysticisme se trouve inextricablement mêlé à l'occultisme, et *La Comédie humaine*, qui fait concurrence non seulement à l'état civil, mais aussi à Dieu, oppose sans cesse à l'ordre divin celui du poète, du créateur. Balzac, écrit Gaëtan Picon, « *n'a pas aimé Dieu. Son vœu n'est pas de le rejoindre pour s'abîmer en lui, pas même de participer à son secret : il est de se substituer à lui, de le détruire* » [32].

C'est cela, sans doute, qui fait dire à Bernanos que Balzac « *ne s'est pas élevé à la notion la plus générale, universelle, de l'humain, au réalisme catholique* », que « *si la vérité qu'il a seulement entrevue joint entre elles les parties de son vaste monument, elle n'en pénètre pas la matière même* » (Œ, II, 1039). Toutefois, dès qu'on passe de la sphère du « Spécialisme » à celle de l'« Instinctivité », c'est-à-dire du plan de l'existence authentique à celui de l'existence inauthentique, la parenté des deux écrivains se réaffirme sous forme d'un parallélisme presque terme à terme.

Effectivement, alors que l'existence authentique, fondée sur le don et l'échange, est, comme on l'a vu, une « *succession sans répétition où tout moment est unique* » (Œ, II, 11), donc une « histoire », l'existence inauthentique se définit, chez Bernanos aussi bien que chez Balzac, comme un présent figé, sans prolongement vers l'avenir. Fondée sur l'« *instinct de notre conservation* » (B, II, 629), c'est-à-dire, en fin de compte, sur l'égoïsme, fermée, par cela même, à toute sorte de risque, cette existence ne peut être qu'une somme d'habitudes répétées à l'infini. Or, étant donné que les « *habitudes survivent indéfiniment aux besoins qui les ont créées* » (Œ, II, 327), l'être de l'existence inauthentique se trouve rejeté hors du temps et subit nécessairement l'« *affreuse monotonie* » (B, VII, 947) d'une « *vie sans opposition, dénuée de spontanéité* » (948), « *arrêtée d'avance* » (II, 210) ; la « *vie de l'homme est un mouvement* » (X, 406), et il reste résolument immobile, tout a son visage unique, irremplaçable, et il voit tout dans le général, tout est en éternel renouvellement, et il croit saisir les êtres et les choses dans leur immobilité, c'est-à-dire dans ce qu'ils ne sont pas, il vit, en un mot, à la surface de tout et de soi-même : « [...] *beaucoup d'hommes n'engagent jamais leur être, leur sincérité profonde. Ils vivent à la surface d'eux-mêmes* » (Œ, I, 1115), dit Bernanos ; « *ils ne sont ni époux, ni pères, ni amants ; ils glissent à la ramasse sur les choses de la vie, et vivent à toute heure* » (B, V, 263), dit Balzac.

Il n'empêche que l'être de l'existence inauthentique, incapable de comprendre la vie, fait du savoir la première de ses vertus : « *Vouloir nous brûle, pouvoir nous détruit, mais savoir laisse notre faible organisation dans un perpétuel état de calme* » (B, IX, 40), affirme le vieil antiquaire de Balzac.

Mais le savoir de l'être inauthentique, isolé du « vouloir » et du « pouvoir », donc de toute sorte de mouvement et d'action, n'est qu'une connaissance stérile et abstraite, sans but et sans profit véritables : ce n'est pas la vie qu'il embrasse, mais tout ce qui est déjà « *arrivé* », « *parvenu* », « *classé* » (*Che*, 183), donc tout ce qui n'est pas elle. On peut l'appeler science ou philosophie, expérience ou sagesse, ce n'est jamais qu'un « *germe stérile* », un « *œuf de pierre que les vieillards se passent de génération en génération et qu'ils essaient d'échauffer tour à tour entre leurs cuisses glacées* » (*Œ*, II, 526), c'est-à-dire, en fin de compte, une forme d'impuissance. Il est donc évident que ce « perpétuel état de calme » que procure le savoir et que préconise cet énigmatique personnage de *La Peau de chagrin*, ne peut être qu'une absence de vie : il est la condition de longévité, mais aussi l'acceptation de la vieillesse.

Or, dans l'imaginaire de l'un et l'autre auteur, la « vieillesse » se révèle comme le synonyme de l'existence inauthentique, et le « vieux », l'être par excellence de cette existence, comme un « médiocre » dans ses actes et comme un « imbécile » ou un « sot » dans son esprit. C'est la raison pour laquelle Bernanos ne se lasse jamais de « *scandaliser les imbéciles* » (*Œ*, II, 879), de parler de leur « *cerveau encombré où les idées fermentent au lieu de s'assimiler* » (*Rob*, 186), de s'attaquer de toutes ses forces à tous ces médiocres qui tendent nécessairement « *vers le néant, l'état d'indifférence entre le mal et le bien* » (*Œ*, I, 320), à « *toutes les médiocrités complices* » (*Che*, 425) qui ne font que dénaturer les valeurs supérieures de la vie. Et Balzac, pour la même raison, rêve d'écrire tout un livre sur « *La Gloire des sots* »[33], parle du « *gouvernement des sots* », de la « *déification des sots* », du « *triomphe des sots* »[34] et s'attaque très souvent à ces « *infâmes médiocrités chargées d'élire aujourd'hui les supériorités dans toutes les classes sociales* » (B, VI, 121), à cette puissance abjecte qu'« *il faut nommer la* Médiocratie » (VIII, 144).

Car, est-il besoin de préciser, cette *Médiocratie* dont parle Balzac, c'est justement un régime inhumain qui, réduisant à l'infini les valeurs spirituelles, fait de la société une termitière et de l'homme un insecte ou, mieux, un simple instrument, « *une sorte de zéro social, dont le plus grand nombre possible ne compose jamais une somme* » [35]. Cette termitière humaine trouve ses défenseurs dans les « *bêtes à encre* » (Œ, II, 408) ou dans les « *plumigères* » (B, II, 984), sa femme idéale dans ce « *produit de la mécanique anglaise arrivée à son dernier degré de perfectionnement* » (III, 202), dans cette jeune fille à marier qui « *a certainement été fabriquée à Manchester entre l'atelier des plumes Perry et celui des machines à vapeur* », et son héros exemplaire dans ce « *grotesque en zinc, avec un casque de zinc, un fusil en zinc, une capote et une culotte de zinc, des molletières de zinc, et une femme nue, elle-même en zinc, couchée à ses godillots de zinc ou lui posant sur la tête une couronne de zinc* » (Œ, I, 959). Il reste que les hommes s'y « *produisent tous sous la même forme et n'ont rien d'individuel* » [35].

NOTES

SIGLE COMPLÉMENTAIRE ET ÉDITIONS UTILISÉES

Ang	Paris, Gallimard, 1946.
Che	Paris, Gallimard, 1948.
Fra	Paris, Gallimard, 1961.
Lib	Paris, Gallimard, 1953.
Rob	Paris, Laffont, 1947.

B   H. DE BALZAC, *La Comédie humaine* (t. I—XI). Paris, Gallimard, 1951 →
(« Bibliothèque de la Pléiade »).

1. Voir M. Estève, *Bernanos* (Paris, Gallimard, 1965), p. 182.
2. M. Butor, *Répertoire* (Paris, Éd. de Minuit, 1960), I, p. 79.
3. A. Béguin, *Balzac lu et relu* (Paris, Éd. du Seuil, 1965), p. 225.
4. V. Hugo, « Discours prononcé au Père-Lachaise ». Cité par P. Barbéris, *Balzac, une mythologie réaliste* (Paris, Larousse, 1971), p. 215.
5. Estève, *op. cit.*, p. 122.
6. « Introduction aux romans et contes philosophiques » par Philarète Chasles (B, XI, 185-6).
7. G. Picon, *Georges Bernanos* (Paris, Robert Marin, 1948), p. 19.
8. H. de Balzac, *Œuvres complètes*, [Conard] t. XXXVIII, *Œuvres diverses*, I, pp. 131-2.
9. « Introduction aux romans et contes philosophiques » par Philarète Chasles (B, XI, 187).
10. H. de Balzac, *Correspondance* (Paris, Garnier, 1960), I, p. 112.
11. Picon, *op. cit.*, pp. 46-7.
12. *Ibid.*, p. 32.
13. *Ibid.*, pp. 37-8.
14. Estève, *op. cit.*, p. 56.
15. *Ibid.*, p. 53.
16. B.T. Fitch, *Dimensions et structures chez Bernanos* (Paris, Lettres Modernes, 1969), pp. 27—48.
17. T. Yücel, *Figures et messages dans "La Comédie humaine"* (Tours, Mame, 1973), pp. 177—95.
18. Fitch, *op. cit.*, p. 39.
19. *Ibid.*, p. 47.
20. Voir T. Yücel, *L'Imaginaire de Bernanos* (Éd. de la Faculté des Lettres d'Istambul, 1969), pp. 15—20.
21. M. Le Yaouang, *Nosographie de l'humanité balzacienne* (Paris, Maloine, 1959), p. 130.
22. J.-P. Richard, *Études sur le romantisme* (Paris, Seuil, 1971), p. 7.
23. Béguin, *op. cit.*, p. 101.
24. « *La vie d'un homme libre est un échange perpétuel.* » (Bernanos, I, 1775). « *Son génie est un don perpétuel.* » (Balzac, « Des artistes »).
25. Par exemple, celui de Hitler (Œ, II, 853).
26. Estève, *op. cit.*, p. 68.
27. Ch. Baudelaire, *Œuvres complètes*, [« Bibl. de la Pléiade »] II [1954], p. 391.
28. Béguin, *op. cit.*, p. 119.
29. *Ibid.*, p. 134.
30. Voir Yücel, *L'Imaginaire de Bernanos*, p. 115.
31. H. de Balzac, cité par R. Guise, *Balzac* (Paris, Hatier, 1973), II, p. 90.
32. G. Picon, *Balzac par lui-même* (Paris, Seuil, 1969), p. 169.
33. Voir B, XI, 83-4.
34. H. de Balzac, *Lettres à l'Étrangère* (Paris, Calmann-Lévy, 1906), II, p. 107.
35. H. de Balzac, cité par P. Reboul, « Les Anglais de Balzac », *Revue des sciences humaines*, fasc. 57-58, janvier—juin 1950.

MAURRAS ET BERNANOS
DU *SOLEIL DE SATAN* À *MONSIEUR OUINE*

Influences littéraires

par François FRISON

S'IL est une déclaration de Bernanos qui a toujours étonné, c'est bien celle où il déclare qu'il devait « *peu de chose* » (*Corr.*, I, 438)[1] à Maurras, qu'il ne l'avait vu que « *quatre fois dans* [*sa*] *vie* ». Sept ans plus tard, il écrit qu'il ne lui doit « *rien* » (*Œ*, II, 646).

Le lecteur non prévenu s'étonne encore plus lorsqu'il est question de Daudet qui, lui, a droit à six entrevues. Le cas Daudet mérite sans doute plus d'attention encore, mais nous ne l'envisagerons ici qu'accessoirement. Il n'est pas question d'examiner tout ce que Bernanos « doit », dans tous les sens des mots, aux chefs de l'Action Française, ni le détail d'une querelle opposant les principaux représentants de l'extrême-droite à des francs-tireurs du même parti.

Certitudes de la jeunesse, encouragements et soutien dans sa carrière littéraire[2] (jusqu'en 1932), formation intellectuelle même et idéologique, peut-être pourrait-on faire un bilan assez copieux de ce qu'il a appris et reçu de Maurras et de l'Action Française. Mais parler d'influence, puisque c'est la question que nous voudrions aborder ici, conduit à soulever des problèmes de principe et de fait, que Bernanos a signalés lui-même dans l'interview de 1926 :

notes pp. 61-62

Les influences ? C'est une question souvent mal posée... Oui, il est difficile de traiter avec équité les maîtres de notre âge mûr. Ils touchent de trop près à la vie quotidienne. Nous distinguons mal ce qu'ils nous apportent d'essentiel, ou ce qu'ils nous prêtent seulement, pour un jour, de pathétique ou de pittoresque...

(II, 1038)

Il est vrai que tout de suite il va distinguer, mettre à part, ses maîtres de « *la jeunesse* » (II, 1038), de « *l'adolescence* », « *qui ne sauraient plus être reniés* ». Bon gré mal gré, notre œuvre témoigne pour eux. Rappelons que Bernanos a lu Maurras à dix-sept ans, qu'il ne cessera de le lire, au moins jusqu'en 1932, c'est-à-dire pendant vingt-six ans, même s'il s'écarte de lui à partir de la guerre de 14—18, même s'il envoie sa démission en 1920. Pourtant, dans l'interview citée ci-dessus, Maurras n'est pas nommé, alors que la liste des « maîtres » reconnus est bien longue, de Balzac à Daudet, en passant par Drumont. Après la rupture de 1932, sans doute, reste vrai, en partie, ce qu'il écrivait en 1919 à Dom Besse : « *J'ai été pénétré jusqu'aux moelles, beaucoup plus profondément que ces messieurs ne le croient sans doute. Bon gré, mal gré, je roulerai jusqu'à la fin dans une ornière de marbre.* » (*Corr.*, I, 163). La seule réserve que l'on peut faire concerne « l'ornière de marbre ». Nous dirons que Bernanos restera toujours obsédé par Maurras, ce qui est encore une façon d'être « influencé », que l'on soit d'accord ou en opposition avec le « maître ». De là vient, peut-être, qu'il arrive si souvent à Bernanos d'employer des formules du chef de l'Action Française en oubliant de mettre les guillemets. Ainsi parle-t-il dans une lettre à *Réaction* de « *l'immense question de l'ordre* » (II, 1217)[3], et c'est en 1931, alors qu'il commence à se séparer définitivement de Maurras ; ou bien, pour prendre un autre exemple, dans *La France contre les robots*, en 1945, il écrit que l'ancienne France était « *hérissée de libertés* »

(*Rob*, 50), image également empruntée à Maurras [4] ; de même, on s'étonne moins que Bernanos s'élève si souvent contre le principe de la conscription, du service militaire obligatoire, et en particulier dans les *Robots*, quand on s'aperçoit que Maurras était précisément, lui aussi, partisan de l'armée de métier [5].

Mais il ne s'agit là que d'exemples concernant l'influence idéologique et politique de Maurras, dont il n'est que trop facile de retrouver des traces dans le langage d'un écrivain qui déclarait « *savoir à peu près par cœur* » l'*Enquête sur la Monarchie* (II, 1274). Reste à déterminer ce que ce langage recouvre d'essentiel. Plus sans doute qu'il ne le reconnaît lui-même en 1926, en écrivant qu'il ne retient de Maurras que la partie « *critique* » (1068), ce qui de toute façon est déjà considérable. Mais l'influence idéologique et politique de Maurras, si elle est incontestable, si elle a valu à l'auteur de l'*Enquête* tant d'éloges, même après la rupture, si elle a laissé comme des traces après le ralliement de Bernanos à Péguy, dans une évolution certes irréversible, n'a-t-elle pu entraîner un autre type d'influence, dans un autre domaine, que l'on ne peut feindre de considérer comme absolument isolé, étanche, autonome ? Nous voulons parler évidemment de l'œuvre romanesque. Les déclarations de Bernanos nous mettent en garde, mais ne sauraient nous retenir de chercher si vraiment comme il le dit, il n'y a « rien ». L'auteur de *Nous autres Français* écrit : « *Il faudrait être ivre ou fou pour croire que des livres comme* Sous le soleil de Satan, La Joie, L'Imposture, *le* Journal d'un curé de campagne *ou la* Nouvelle Histoire de Mouchette *doivent quelque chose à l'auteur du* Chemin de Paradis. » (646).

Notons que Bernanos ne mentionne pas *Monsieur Ouine*, pratiquement terminé à l'époque où il écrit ces lignes (encore moins *Un Mauvais rêve*, terminé, mais non publié) — et qui avait été commencé en 1931, avant la rupture[6]. Sans doute Bernanos a beau jeu d'opposer le *Journal d'un curé de campagne* aux contes du *Chemin du Paradis*. C'est peut-être la raison pour laquelle le chemin qui mène au presbytère dans le *Journal* s'appelle « *chemin de Paradis* » (I, 1181) ! Pourtant le conte de la « Bonne Mort », l'enfant qui se jette dans l'eau, couvert de son scapulaire, pour ne plus pécher, rappelle l'histoire de Mouchette qui se noie avec la robe blanche et bleue de la jeune fille morte qui était vouée. Les analogies ne sont pas purement formelles, les deux auteurs ayant voulu exprimer à la fois la hantise de la pureté et l'éveil de la sensualité, même si les intentions et les conclusions, l'évolution dramatique, les mobiles psychologiques et idéologiques sont différents. Tout repose malgré tout sur le conflit de deux exigences opposées. Mais après tout dira-t-on, comparaison n'est pas raison, et les ressemblances formelles, en ce qui concerne la deuxième Mouchette (la première étant, pour une part, issue de Toulet, on le sait[7]) ne font-elles pas penser bien davantage à la Peccina des *Paysans* de Balzac, la petite moricaude farouche, amoureuse du garde Michaud (et non du braconnier), avec cette différence que le nom de Mouche est donné par Balzac à un petit garçon pêcheur de loutres, d'ailleurs mignon comme une fille, mais qui fait partie du clan adverse, ceux de l'estaminet ?

S'il est relativement facile de montrer que Bernanos devait bien vite s'éloigner de Maurras sur le plan de l'idéologie, n'étant ni disciple de Comte, ni disciple de Lucrèce — encore moins de Machiavel — et peu porté sur la latinité et « l'Humanisme », mais qu'il reste marqué par des formules maurrassiennes et une œuvre qu'il connaît très bien, il est, on le voit, plus risqué de chercher des « influences » pour la fiction romanesque. Et certes même pour un auteur du XVIIe, qui a l'habitude de citer ses sources, on n'a pas tout expliqué, même si on a étudié, par exemple, les vers de Virgile dont s'est inspiré Racine pour *Andromaque*. Nous ne prétendons pas tout expliquer par la recherche des influences, il nous suffit de trouver quelques traces sûres et sans équivoque de la « présence » de Maurras dans l'œuvre romanesque de Bernanos. Nous ne croyons pas possible de décréter *a priori* qu'il n'y a pas d'influences, que le problème n'existe pas. Puisqu'il s'agit d'une œuvre d'imagination, nous chercherons précisément du côté des thèmes et des images. On sera peut-être tenté d'objecter que Bernanos n'apprécie guère l'esthétique de Maurras, ces « *croquignoles romanes tirées toutes moisies du drageoir de M. Anatole France* » (II, 1299), « *sous prétexte d'hellénisme* », comme il l'écrit en 1932, dans le feu de la polémique, mais cette objection est peu sérieuse, et lui-même reconnaît qu'elle concernerait en premier lieu Léon Daudet. Ce n'est pas d'ailleurs pour des raisons d'esthétique, mais pour des raisons politiques que Bernanos a rompu avec Maurras (compte tenu évidemment de ce que la politique suppose comme choix éthiques ou idéologiques).

Cette présence de Maurras est d'abord, en quelque sorte, négative, non pas simple absence mais opposition violente dès le *Soleil de Satan*. Le personnage d'Anatole France est ici essentiel, et Bernanos dans l'interview de 1926, le marque bien. M. Cellier a montré [8] comment le *Soleil* était une réplique et une reprise de *Thaïs*. Ce n'est pas seulement la dernière partie, c'est tout le livre, dans sa composition dramatique et ses thèmes principaux, qui s'oppose à l'œuvre de France. Ce dernier, prix Nobel en 1921, mort en 1924, était un personnage d'actualité au moment où Bernanos écrit le *Soleil*, terminé au début de 1925. Certes, à l'origine de l'« Histoire de Mouchette » en 1920, il faut mentionner le nom de Toulet et de sa *Jeune fille verte*, mais c'est en 1923 seulement que Bernanos lit à Robert Vallery-Radot « *les cent premières pages* » du *Soleil de Satan* (II, 1094). Toutes ces dates pour rappeler comment Bernanos s'est consciemment opposé à ce grand maître de la prose française célébré par Maurras, comment il a donc fait la satire d'un personnage typiquement maurrassien (et indirectement de Maurras qui l'admire et lui consacre un ouvrage en 1924). « *Le dernier des Grecs* », Saint-Marin alias Anatole France, représente avec J. Lemaitre, Stendhal, Voltaire, Lucrèce, les modèles littéraires de l'auteur d'*Anthinéa*, au grand scandale de Bernanos. Il y a là tout un courant de l'Action Française qui lui est étranger, qui l'irrite. Mais il ne se contente pas de l'ignorer, il l'attaque directement. De même, en 1928, il rédige une sorte de chronique nécrologique, « Les monstres mous » (II, 1127) (France et Renan — l'expression vient de Léon Bloy), d'un ton très violent et qui ne sera pas publiée.

D'autres aspects essentiels du roman de Bernanos peuvent paraître peu maurrassiens. Opposer un saint inculte à un humaniste raffiné, c'est là une situation bien peu maurrassienne. Le personnage de Mouchette, d'autre part, avec sa liberté sauvage, son choix lucide du mal, du désordre, de la destruction, de la révolte poussée jusqu'à l'hystérie appartient non à l'univers de Maurras, mais à celui de Baudelaire, peu aimé de l'auteur d'*Anthinéa*, ce que Bernanos ne peut ignorer. Un de ses amis du Brésil nous a rapporté l'écho d'une discussion qu'il avait eue avec Maurras à ce sujet : « *Como sempre que cita Maurras, imita-Lhe a voz rouca e chuchotante : "Ch'aime Baudelaire autant que fous..." Maurras, diz Bernanos, sabia de cor todos os versos de Baudelaire [...]. Porem [...] via em Baudelaire o comêço da degenerescência [...].* » [9]. En effet dans les articles de critique littéraire parus en 1924 dans *L'Allée des philosophes* (pp. 145, 152—9) [10], concernant la « maladie de Baudelaire », Maurras s'irrite de se laisser enchanter parfois par Baudelaire, le traite de menteur, de « *Boileau hystérique* », « *savant et pervers* », « *habile artiste de décadence* », « *fleuriste pernicieux* », égaré par le « *mensonge et l'erreur* » qui vicient toute son œuvre. Il s'en prend précisément au poème intitulé : « *L'Amour du Mensonge* ». Or on trouve dans le *Soleil*, à propos de Mouchette comme de Donissan, la théorie baudelairienne de la double postulation vers le bien et le mal (I, 221). De Baudelaire lui-même, Bernanos fait un « *théologien* » (II, 1237), « *plus sûr qu'on pense* », qui n'est pas uniquement une « *maladie de notre sensibilité* », comme l'écrit Maurras.

*

Mais à côté de cette « influence » négative, d'opposition ou de réaction, il est possible, pensons-nous, de trouver une influence positive, par exemple lorsque les romans de Bernanos font la satire des adversaires politiques de l'Action Française : députés républicains, représentants de la démocratie, magistrats municipaux, pour lesquels Maurras ne pouvait être soupçonné de nourrir la moindre sympathie. Les catholiques libéraux entrent également dans cette catégorie, les « salonnards » dont se moque si souvent Daudet. Ces personnages qui sont nombreux dans les trois premiers romans (Gallet, Malorthy, Clergerie, Pernichon, Mgr Espelette par exemple) ont pourtant pour caractéristique d'être des personnages secondaires. Ils n'incarnent certes pas l'idéologie de l'Action Française, mais sans doute n'est-il pas nécessaire de recourir à Maurras pour expliquer l'hostilité de Bernanos. Malgré tout, peut-être doit-on souligner l'influence de livres comme *Le Dilemme de Marc Sangnier*, que Bernanos a dû lire de bonne heure. Toujours est-il qu'il ne s'agit pas là de personnages essentiels, comme Cénabre, Chantal, Chevance,

Donissan, Mouchette. En outre ils nous ramènent aux questions idéologiques et polémiques, que nous ne voulons pas étudier ici.

Il est pourtant un thème psychologique qui semble devoir quelque peu à Maurras. C'est le thème du désespoir, ou plutôt de la tentation du désespoir. Ce thème correspond à l'expérience intime de Bernanos, qui semble avoir essayé de comprendre Maurras de l'intérieur, par un effort réel de sympathie. Il connaissait bien l'homme et l'œuvre en effet ; en 1933 (après la rupture) il écrit à son neveu : « *Votre grand malheur à tous est d'avoir lu Maurras trop tôt.* [...] *ce qui vous échappe, ce que vous ignorez complètement, c'est la démarche tragique de sa pensée, à travers les erreurs de son temps vers une relative libération.* » (*Corr.*, I, 468). Cette évolution a été évoquée, on le sait, par Maurras dans *L'Étang de Berre* (« Le Sacre d'Aix »).

Notre génération donnait certainement le fruit parfait de ce que devait produire l'anarchie du XIXe, et nos jeunes gens du XXe se feraient difficilement une idée de son état d'insurrection, de dénégation capitale. Un mot abrégera : il s'agissait de contester toutes les évidences [...] (y compris les mathématiques). Le mot de scepticisme n'est pas suffisant pour qualifier le mélange d'incuriosité frondeuse avec le délire de l'examen [...]. *Un à quoi bon* réglait le compte universel des personnes, des choses, et des idées. C'était le néant même, senti et vécu. [11]

Dans son « suicide moral » Donissan, « *ce paysan têtu* » qui « *finit par devenir contre lui-même un raisonneur assez subtil* » (I, 162) a d'autres mobiles pour se laisser glisser au désespoir. Mais si le contenu du sentiment est différent, la forme en est la même et l'expression identique : c'est par la formule de l'« à quoi bon ? » que Bernanos et Maurras expriment ce désespoir qui peut conduire au suicide. Elle est pour le jeune Maurras, comme pour la deuxième Mouchette, la for-

mule type du désespoir, voire de la tentation du suicide (1343).
On peut penser certes que la formule a son origine, à chaque
fois, dans l'Ecclésiaste et on sait à quel point Bernanos était
sensible à l'amertume du *vanitas vanitatum*. Il n'en reste pas
moins que Maurras le cite le premier, expliquant comment
il a été sauvé par le culte de la beauté, de l'Humanisme, de
l'Antiquité :

S'il n'est point d'autre discipline il est toujours celle-là [...]. Si le
petit barbare, le petit sauvage qui existent dans le cœur de tout
homme enfant, ont besoin d'être domptés et exorcisés peu à peu
pour arriver aux dignités du genre humain, que dire d'un enfant
de l'âge où la notion de toutes les valeurs avait été si ridiculement
bouleversée ! Aucune idée, même évidente ou démontrée ne se
fût imposée sans cet adoucissement préalable, cet apprivoisement
voudrais-je dire. [11]

L'ordre chez Maurras, était une nécessité intérieure, qu'il
essaiera d'atteindre finalement par la politique : « *Par les
grandes lignes du plan national, auquel nous travaillons, et
par l'heureux succès de nos premiers efforts, je ressens mieux
le prix du salut intellectuel* », écrit-il dans le même passage,
et c'est cette forme de « salut » que Bernanos reconnaît chez
Maurras. Aussi comprend-on qu'il ait voulu lui dédier la
Grande peur : « *À Charles Maurras, qui n'a pas péché contre
l'espérance.* » (*Corr.*, I, 386). On remarquera, à propos de ce
nihilisme intellectuel (« *mélange d'incuriosité frondeuse avec
le délire de l'examen* » [11]) que Donissan va sans doute plus
loin que le jeune Maurras (« *Connaître pour détruire, et
renouveler dans la destruction sa connaissance et son désir
— ô soleil de Satan ! — désir du néant recherché pour lui-
même, abominable effusion du cœur !* » (*Œ*, I, 237), mais c'est
par le pathétique, la dramatisation : la démarche intellectuelle
n'est pas sans analogie. (Bernanos parle de « *délire de la connaissance* ».) Quant à la deuxième Mouchette, on retrouve

chez elle cette opposition de la sauvagerie et de l'art, comme dans « Le Sacre d'Aix » cité ci-dessus. Mais Bernanos ne croit pas au « salut » par la découverte du beau, Mouchette ne chante que lorsqu'elle croit aimer. Chez Maurras l'art s'associe à une sorte de sensualité paisible. L'harmonie est incarnée par ces Grâces aux formes heureuses : le bon évêque qui est sacré à Aix, et qui fut son professeur d'humanités, ne lui a pas inspiré l'horreur du paganisme. Au contraire, le sujet de la nouvelle de Bernanos est l'« *éveil désespéré du sentiment de la pureté* » (*Corr.*, II, 136).

Quant à l'image du soleil de Satan, elle est sans doute assez classique. Le premier roman de Daudet, en 1893 s'appelait : *L'Astre noir*. Dans *Le Voyage de Shakespeare*, où ne manquent ni les brumes ni les apparitions diaboliques, on entend le « rire rouge » du soleil à travers « l'obscurité lucide des nuages ». Mais il faut en venir à ce recueil d'articles déjà cité plus haut, comme à une source particulièrement intéressante, pensons-nous, du point de vue qui nous occupe ; Maurras y présente un mélange, qui ne nous étonne pas, venant de lui, de critique littéraire et de critique politique. Nous voulons parler évidemment de *L'Allée des philosophes*. Ce recueil, qui contient l'article sur « La maladie de Baudelaire » évoqué plus haut, commence par une lettre-préface à Jacques Bainville, où Maurras fait un long éloge d'Anatole France, du style voltairien, inscrit dans les paysages de l'Ile-de-France et de Paris, de ses eaux et de ses routes, pensées mêlées à une nature humanisée où s'affirme la « *souveraineté de l'esprit* » (p. VII)[10]. Comme Bernanos dans le *Soleil* (I, 281), Maurras se livre à un parallèle, plus longuement développé chez lui, entre Anatole France et Jules Lemaitre, sur un ton très différent certes. « L'Allée des Philosophes », c'est l'allée française, telle qu'on la voit dans le parc de Chantilly, où La Bruyère dialoguait avec Bossuet ; elle s'oppose au *Philo-*

sophenweg de Heidelberg, car le livre, préparé pendant la guerre (avec des articles antérieurs), était destiné aux soldats blessés au combat et devait exalter leur patriotisme. La guerre est donc toute proche, comme dans le *Soleil*, d'où le titre des deux premières parties, destinées à évoquer l'atmosphère d'avant 1914 : « I. Signes et Fléaux. — II. En regardant venir la guerre. »
En tête les vers connus de Virgile :

> « Sol tibi signa dabit [...]
> Cum caput obscura nitidum ferrugine texit
> Impiaque aeternam timuerunt saecula noctem... »
>
> (p. 1)

(Bernanos parle en 1932 de « *vers prophétiques de Virgile et Dante* » [12], II, 1261).

Mais le premier article de Maurras (p. 6-7) [10], ironique et poétique, consacré aux présages, concernant l'éclipse de soleil de 1912, « *tragédie sidérale* », où l'on voit « *le grand soleil à l'agonie* » se débattre « *aux gueules d'un monstre victorieux* », « *en un ciel parfaitement pur l'assaut farouche des deux âmes de la nuit et du jour* » [13]. Maurras rapporte avoir vu peu auparavant des soldats à l'exercice, ce qui l'avait fait penser aux Prussiens qui venaient de dévaster le pays. Virgile ne citait-il pas, au nombre des présages, ces bruits d'armes dans le ciel de la Germanie : « *Armorum sonitum toto Germaniae caelo* » ? On se rappelle alors que le *Soleil* est un livre né de la guerre, que Bernanos voulait présenter un vrai héros, un homme sacrifié, un saint qu'il jetterait au travers de la « *joie obscène* » de l'après-guerre (II, 1040). Il se trouve aussi que, dans son récit de l'éclipse, Maurras se comporte comme l'artiste dont parle Bernanos en 1927 : « *Devant le* Soleil de Satan, *il est un peu comme ces astronomes [amateurs] qui n'ont, pour étudier le cours des astres, qu'une lunette à bon marché.* » (1096). (Maurras utilise un verre fumé pour regarder l'éclipse.)

Autres présages, les articles que Maurras consacre, toujours dans cette première partie, à l'inondation de 1910, ou au déboisement, qu'il présente comme autant de fables et de paraboles. Or s'il n'en est pas question, comme symbole de la « destruction » et du « néant » (de même que pour le tremblement de terre en Provence, à Lambesc et Saint-Cannat, p. 30[10]), dans le *Soleil*, ils apparaîtront plus tard avec leur rôle de symbole, dans *Monsieur Ouine* et la *Nouvelle histoire de Mouchette* : s'ils n'ont pas le même sens uniquement politique que chez Maurras (la démocratie, c'est la destruction), ils ne sont pas sans rapport toutefois, chez Bernanos, avec l'idéologie de Maurras. Par exemple, c'est un syndicat juif, ou un marchand de biens juif qui a fait couper la forêt (I, 1269, 1377 et 1412).

*

Si nous passons ici à *Monsieur Ouine*, c'est que précisément, toujours dans *L'Allée des philosophes*, nous avons remarqué deux articles qui pourraient avoir un lien direct avec le roman. Ils ont cette particularité de se suivre immédiatement, et bien que réédités en 1923, le premier d'avoir été écrit en 1892 (« Le Repentir de Pythéas »), le deuxième en 1902 (« Sur la mort de Zola ». Sous-titre : L'enfance de l'art). Au premier des deux articles est associé le nom d'André Gide, qui nous a donné selon Maurras, dans *Les Cahiers d'André Walter*, la psychologie du néant (p. 184)[10]. Peut-on donner meilleure définition du personnage central de *Monsieur Ouine* — même si Bernanos en fait un être mythique, certes, en 1932 — que cette âme incertaine et flottante, aboutissant à la folie, qui s'exprime dans *Les Cahiers d'André*

Walter ? « *Qu'est-ce qu'un être dénué d'essence, de détermination, de définition, de contour* ? » demande Maurras. N'est-ce pas déjà la fameuse disponibilité gidienne ?

On peut supposer que Bernanos a rêvé sur cette « psychologie du néant », en tout cas on sait que, dès 1926, il attaque Gide aussi durement que France. Le néant n'est pas pour lui, comme chez Maurras, simple indétermination, état évanescent de l'âme ; il situe Gide (« *haut cas de perversité intellectuelle* ») dans un « *enfer intérieur* » qui s'approfondit à mesure (II, 1046). En 1925, réfléchissant sur le mal et le péché, Bernanos distingue les « *âmes de néant* », simplement étourdies ou indécises, de celles qui choisissent en toute lucidité le Néant, aimant le mal pour lui-même (*Corr.*, I, 201). Il reproche encore à Vallery-Radot, en 1926, d'en rester à la candeur impure de la quinzième année, et de trop se complaire dans « *le vénéneux jardin* » sur lequel se lève « *l'astre noir* » (189). Et d'ajouter aussitôt : « *Gide finira d'en crever* ». De l'amoralisme d'un ami, il écrit aussi qu'il évoque, « *plutôt que la flamme infernale* », la « *verge ingénue de M. Gide, au pied de laquelle le bonhomme vient faire oraison...* » (230). Souvenirs de *Thaïs* : Paphnuce le stylite ou l'obsession du phallus ; mais on voit comment ces citations des années 1925-1926 rappellent des thèmes et des images communes au *Soleil* et à *Monsieur Ouine*. De plus Bernanos semble indiquer comment, s'il y a deux formes de néant, deux sortes de diables, l'on passe de l'un à l'autre — et c'est le cas de l'auteur des *Faux-monnayeurs* ; bien que « *l'impureté ne gagne que peu à peu, du dehors au dedans* » (233), l'« *équivoque empoisonne les âmes* », le remords est aimé pour lui-même. Gide, prince de l'équivoque, avait déjà ce caractère dans l'article de Maurras. Bien qu'il appartienne d'une part à la littérature adolescente, insexuée, « *eau de bidet* », « *priapées* » qui ne sont guère plus que des « *berquinades* », Gide personnifie pour Bernanos d'autre part, ce goût de l'ambiguïté qui est, comme nous l'avons dit, considérée comme une forme de complaisance intellectuelle et raffinée dans le Mal. C'était, on le sait, le sens du jugement porté par Massis ; ce dernier, à la grande satisfaction de Gide, ne reprochait pas à l'auteur de *I'Immoraliste* sa morale — ou son inconduite —, mais l'accusait de *« porter atteinte à l'unité spirituelle de l'homme »*, de mettre en cause *« la notion même de l'homme sur laquelle nous vivons »*, ou encore *« la notion occidentale et classique de l'homme »* [14]. Critique typiquement maurrassienne on le voit, et que Gide soit passé des *Cahiers* aux *Faux-monnayeurs*, de l'esthétique décadente et symboliste à celle de la N.R.F., est secondaire. Ou plutôt il semble que Maurras ait bien vu, dès 1892, les implications psychologiques, métaphysiques, idéologiques et politiques de ce *« psychologisme »*, de *« cette métaphysique dévastrice »* qui devait mener Gide, sa vie durant, à *« saper les fondements de la société dans laquelle il était inséré »*, pour reprendre les termes d'un critique de Gide [15]. Ajoutons d'ailleurs que *Les Cahiers d'André Walter* sont réédités en 1925. *Corydon* et *Si le grain ne meurt* viennent d'être publiés. Le lecteur de l'époque pouvait faire d'utiles comparaisons. Certes l'auteur des *Nourritures terrestres* (cf. *Monsieur Ouine* ; I, 1552) semble être connu en 1926 à travers une œuvre plus riche, jugé aussi à travers Massis qui dénonce son *« caractère démoniaque »* (II, 1650, n. 2). Il ne cessera d'être pris à partie, de 1926 à 1931 (voir 1079—82) : *« Ils voulaient bien savoir quelque chose, mais ils ne tenaient pas à en savoir si long. »* (conférence sur « Une vision catholique du réel », 1082). On voit les conclusions que l'on peut tirer de tels rapprochements.

L'« *immoraliste dévot* », la *« vieille empoisonneuse »*, (II, 1135) est parfois associé à Marcel Proust. *« L'œuvre extraordinaire de Marcel Proust m'apparaît ainsi comme un grand cimetière d'intentions, un cimetière d'enfants morts-nés, perdu dans la brume, au bord de la mer.* » (1080) ; image qui semble évoquer l'univers de *Monsieur Ouine.* « *Est-ce vraiment le Mal ?* » écrivait Bernanos dans le même article, « *N'en est-ce pas plutôt la poursuite hallucinée ?* » (1080). « *J'ai fait le mal en pensée* », déclarera M. Ouine (I, 1553). Mais c'est bien de Gide qu'il s'agit dans le grand roman de Bernanos. Les analogies sont trop évidentes et trop faciles même — le « Famille je vous hais » trouve son équivalent dans une scène du roman (1471) et dans tout le roman d'ailleurs. Bernanos s'est même amusé (autre exemple) à prêter à son personnage un ami qui s'appelle Valéry (1553). Ouine n'est-il pas exactement « pédéraste » par nostalgie de l'enfance, avec ce mélange équivoque de perversité et de dignité à la Socrate que l'on trouve chez son modèle ? Mais en même temps le personnage devient une sorte de mythe du Mal, de Satan, lui-même se désigne par l'image du serpent (1548, 1552), se pose en rival de Dieu (1558). Le soleil de Satan aussi, « *un soleil terne, noyé de brume* » « *pèse de tout son poids sur la campagne* » (1528) ; Ouine « *joue de sa grosse main avec le rayon de soleil qui d'une fente de la persienne vient barrer le lit d'un trait de flamme* » (1531). Gide, ravi certes d'entrer en « conversation avec le diable », peut-il être le Mythe du Mal ? Ce nouveau personnage de sa légende ne lui eût pas déplu, peut-être, mais l'essentiel n'est-il pas que Bernanos présente le mal comme néant, et ce néant lui-même comme l'aboutissement d'une trop grande richesse intérieure, d'un refus de choisir entre le bien et le mal (alors que Mouchette, par exemple, *choisissait* le Mal), de cette multiplicité de comédies, personnages, impostures, que Gide appelait « sincérité » ?

« La psychologie du néant » serait donc bien ce que Maurras évoquait en 1892 et en 1923, à propos des *Cahiers*,

c'est cette absence de contour et de forme, refus d'aucune
détermination (on connaît la maxime de Gide : « *determina-
tio est negatio* », et ce qu'il admirait chez Dostoïevski : être
soi-même et son contraire, oui et non). On peut penser que
c'est par ses propres lectures, sous l'influence des jugements
de Massis, que Bernanos en est venu à cette conception sur
laquelle repose le roman, mais que la formule de Maurras
exprime assez bien sa tentative, cette sorte de gageure que
constitue cette œuvre. Mais bien évidemment aucun personnage réel ne pouvait représenter le personnage de M. Ouine,
et Bernanos s'en défendra le premier. Notons tout de même
que le *Saül* de Gide évoque un cas analogue à celui du « professeur de langues vivantes ». C'est Saül qui déclare à la fin
de cette œuvre, qui contrebalance les *Nourritures* : « *Je suis
complètement supprimé.* » Mais il s'agit là aussi d'un mythe.
En 1945, Bernanos, prenant la défense de Gide contre Aragon
et « l'Inquisition Communiste » (en minimisant — de façon
inexacte, semble-t-il, — les torts de Gide), déclare ne plus
partager « *la conviction un peu sommaire de Claudel ou de
Henri Massis qui le croient possédé du diable* » (*Che*, 480). « *La
seule vertu de ce grand homme* », écrit-il à ce propos, « *est une
curiosité si avide, si cruelle même, qu'elle semble une forme
de luxure* ». Cette « vertu » était devenue libido (« sciendi et
sentiendi ») ; après avoir ravagé la société occidentale, elle
s'en était prise à la société soviétique. Remarquons d'ailleurs
que c'était la tentation du Saint de Lumbres, « *l'autre concu-
piscence* » (I, 237). « *La curiosité me dévore* » dit M. Ouine
(1557). Malgré tout, un personnage réel ne peut être assimilé
à un personnage de fiction, un homme de chair et d'os au
diable en personne, au mythe du Mal. Gide connaît une
tentation analogue à celle de Donissan, il ne peut être désespéré comme le Saint de Lumbres. La curiosité de M. Ouine
ressemble à celle de Gide mais, poussée à l'extrême, elle le

mine et le détruit ; c'est un vain regard et une convoitise
impuissante, ne lui laissant aucun secret, aucune vérité intérieure. Ce « Gide » un peu baudelairien que nous montre
Bernanos n'a rien gardé des parfums des fleurs corrompues
et les flacons de poisons sont vides, il lui manque la consis-
tance de l'être, il découvre le vide, le « *rien* » (1550) qui est
en lui-même. Selon la formule de Maurras, l'être informe,
l'existence sans essence, c'est le néant. Retenons les rapports
étroits existant entre le *Soleil* et *Monsieur Ouine* ; le rôle joué
par l'imposture et l'équivoque ; le sens donné par Maurras
à la représentation psychologique du néant.

*

Mais ce sont les images qui nous paraissent détermi-
nantes. Dans un article du *Figaro* Bernanos parlait des « *diableries laborieuses de M. Gide* », « *délectations d'une imagination qui fut toujours des plus médiocres, aujourd'hui frappée
d'impuissance, incapable d'évacuer ses rêves et qui réalise
tant bien que mal une sorte de circuit fermé, comme ces
animaux élémentaires auxquels un seul orifice tient lieu de
bouche et d'anus, ce qui semble évidemment le dernier mot
de la sincérité gidienne* » (II, 1231). Il y a là une contribution
au bestiaire de Bernanos, qui nous fait remonter à l'article
de Maurras (« Le Repentir de Pythéas ») sur le livre de Retté,
Thulé des brumes. Nous ne pensons pas tant aux « délectations » et « diableries » d'une imagination « impuissante »
qu'à la métaphore employée par Bernanos. Dans le livre de
Retté était évoqué, selon Maurras, un étrange paysage, aux
confins de l'univers. C'est le pays de la mort et de l'angoisse
de la brume et de la boue (le « cimetière d'enfants morts-
nés » de Proust) où Pythéas, compatriote de Maurras (lequel
dialogue avec sa statue, à Marseille), a découvert d'étranges

« *poumons* [16] *marins* » (p. 183)[10], « *cloches vivantes* » («mé-duses» peut-être, selon Maurras), « *gelées blanchâtres* » («*commes ces gelées vivantes au fond des mers, je flotte et j'absorbe*», dit M. Ouine, I, 1308), « *protoplasmes* » explique encore Maurras, tout proches du chaos et de la « *vase ori-nelle* », « *ébauches d'être* ». Il s'agit toujours d'évoquer des formes d'être rudimentaires, ou bien des monstres, issus du néant ; le curé de Fenouille, comme M. Ouine d'ailleurs, est hanté par cette éclosion des monstres dans la boue. « *Lacs de boue* » dit M. Ouine du village (1472), « *bourbier* », « *vase en fermentation* » (1465), c'est le paysage décrit par Pythéas (c'est aussi celui de *Paludes*, avec Gide-Tityre). Quant aux monstres, prophétisés par le curé, comme une manifestation du surnaturel dans un monde déchristianisé, ils étaient situés par Maurras dans le chaos d'une esthétique décadente : Retté trouvant la nature trop douce pour les hommes, « *estime que les monstres doivent être encore multipliés par l'ima-gination des humains* ». Aussi Pythéas, en bon Grec qu'il est, demande-t-il le bannissement de ce poète, qui n'a pas essayé d'introduire un peu d'ordre dans les choses. Si « *la nature est un monstre* » (p. 187)[10], l'homme peut y mettre un peu d'harmonie. Pythéas se repent d'avoir découvert Thulé : « *Votre terre vieillit, comme les vieillards elle aime les bégaie-ments et les tâtonnements* » (*ibid.*) ; « *elle n'admire plus les belles formes : il lui faut le type sommaire et fuyant du pou-mon marin* » (p. 182)[10]. Critique littéraire en forme de conte philosophique sur le mal. Contre les symbolistes ou déca-dents, dans lesquels il range Gide avec ses *Cahiers*, qui savent évoquer avec une puissance que Maurras reconnaît, cette « métaphysique du chaos », de « l'existence amorphe », Maur-ras choisit la santé, l'École Romane, le Bien contre le Mal, les formes et les êtres achevés. Tous ces voyages à Thulé sont dus, dit-il, à l'influence de Verlaine, Baudelaire, Hugo peut-être, Rousseau sans doute, Luther certainement (p. 184)[10].

Quoi qu'il en soit, ces images seront reprises par Bernanos dans le *Journal d'un curé de campagne* où le mal est présenté comme « *ébauche d'une création hideuse, avortée, à l'extrême limite de l'être* » comparable « *à ces poches flasques et translucides de la mer* » (I, 1143). On trouvera des images assez voisines dans les articles de 1928 (II, 1116-7 : « *L'étang de boue* [...] *ravalant son écume, berçant ses germes* »), ou de 1932 (II, 1237 : « *Avec ou sans déluge, la boue originelle va recommencer d'engendrer* »). Il semble que l'image ait parfois une coloration politique comme chez Maurras (et c'est assez apparent dans les articles du *Figaro* de 1931-1932). Parfois aussi Bernanos varie la métaphore en lui donnant un sens plus clairement sexuel. Ainsi dans le *Figaro* écrit-il, parlant des « naturistes » : « *Étranges créatures* » « *pareilles à quelque frai jeté sur le rivage par la vaine pulvérisation de la mer* » (1225). M. Ouine, évoquant les « *lacs de boue* », « *le magma* » humain, se représente l'homme libre enlisé, coulant à pic, « *sucé par cette semence d'hommes, morte ou vivante* » (I, 1472). Nous avons déjà cité la phrase concernant la sincérité gidienne (II, 1231) où la métaphore a la même coloration.

Une autre série de métaphores rappelle le thème du voyage du Thulé. Nous voulons parler des métaphores maritimes. À ces confins de l'être et du néant, M. Ouine était tout désigné pour s'installer, et l'on voit qu'il a fait, lui aussi, ce long voyage. Ces symboles se trouvent dans le roman de Bernanos dès la première page : d'abord toutes les métaphores sur le navire et le voyage : les voiles (I, 1349), la mer (1351), la carte maritime dessinée par la crasse sur les murs de la chambre (1361), que M. Ouine appelle lui aussi « *un petit navire battu par la mer* » (1362), la cloche de M. Ouine balancée par la houle (1368) (Maurras parlait « *de cloches vivantes* » dans son article, p. 182 [10]), la maison ou l'église, carène naïve (1381), le rêve (impossible) de partir sur les mers (1477), le « *vaisseau* » de l'église (1514), le « *bâtiment qui coule à pic sous la pluie, par une nuit noire* » (1517). Avant de mourir M. Ouine « *comme un vieux bateau pourri s'ouvre à la mer* » et Philippe raconte l'épisode de la bouteille à la mer (1549). Il s'agit certes d'un voyage immobile, d'autant que revient incessamment l'image de la boue, de cette « *boue originelle* » (1369) (Maurras parlait dans son article de « *boue universelle* », de « *vase originelle* », p. 183 [10]), de ce « *bourbier* » (1465) que constitue le village aux yeux de M. Ouine. « *Ce n'est qu'un tas uniforme, une seule masse que ses yeux caressent avec dégoût* » (1471). Philippe éprouve, il est vrai, la nostalgie de la route, la « *brèche fabuleuse* », « *sol magique* », « *bombé comme une armure* » (1409) (romaine ?), bref l'une de ces belles routes d'Ile-de-France dont parlait Maurras dans la Préface de *L'Allée des philosophes*, et qu'il admirait en « *batteur de voies romaines* » (p. VII). Mais la route peut être trompeuse aussi, comme « *cette mince route blonde* », évoquée au premier chapitre de *Monsieur Ouine*, « *enroulée sur elle-même comme une vipère, et qui ne mène nulle part* » (1356). On retrouve bien alors le voyage à Thulé, le pays du « rien », et certes, plus que la chaleur de l'été, tout le roman évoque outre les paysages d'un Artois un peu fantastique — déserts de feuilles et d'eaux mortes (1455), « *fumier gluant de feuilles mortes qui siffle et crache à chaque pas une eau couleur de rouille* » (1474), « *étangs décolorés* » (1434), maisons aux murs humides couverts d'une « *lèpre végétale* » (1418) et de salpêtre —, un autre pays lointain, un autre monde auquel il est perpétuellement fait allusion, et qui semble recouvrir le premier, à tel point que les saisons se confondent. La brume, le brouillard, la pluie, le froid constituent un élément essentiel du roman : « *Très loin vers l'est et comme au* bord d'un autre monde, l'aube orageuse formait lentement ses nuées, à travers une poussière d'eau.» (1375). Cet autre monde, est-ce cette « grande marée d'équinoxe », « l'immense détonation des vagues qui va se répercutant sur des milliers et des milliers de milles de mer, sous d'autres cieux que le nôtre » (1388) ? (L'envers de la vie, le monde des morts, des héros tués à la guerre ?) Il y a aussi le monde mythique des ancêtres De Vandomme : « Par intervalles un nuage de givre, venue des profondeurs de la banquise infinie, fendait l'air de son coup de hache [...].» (1379). Quant à M. Ouine, dans le froid brouillard du matin, il entend un cri strident, comme « l'appel d'un de ces noirs oiseaux d'hiver jetés en dérive à mille pieds au-dessous des collines, pris dans l'étau de la tempête polaire » (1470). Le vieux professeur craint l'air vif du matin, même en plein midi, « ainsi que ces courants glacés qui courent, dit-on, au sein des mers tropicales » (1528). Chaque personnage semble vivre ainsi plus ou moins dans plusieurs univers à la fois, mais il nous paraît intéressant de relever cette intrusion du climat hyperboréen, dans une action située en été. L'agonie de M. Ouine fait aussi de lui un de ces êtres informes décrits par Pythéas, les joues s'affaissent en faisant deux poches, son corps lui-même lui paraît hideux : des « membres devenus énormes, ce ventre obscène, semblable à une courge, ce cuir velu, livide, plein de poches et de plis » (1546), c'est « l'outre pleine de vent » (1552). « Il est gros, gras, gluant, ses mains glissent [...].» (1423). Appartient également à ce monde du Néant, au paysage de « Thulé des brumes », ces sentiments troubles, informes surgis « de la part demi-morte et croupissante de l'âme » (1370). De plus, le « génie de M. Ouine [...] c'est le froid. Dans ce froid l'âme repose » (1423) même si elle éprouve en même temps de l'amour et de la haine. Dans la paroisse morte, dans l'église où se pressent les villageois pour se réchauffer, se défendre de l'ennui, formant de leurs visages un seul corps qui se tord autour du cercueil de l'enfant, retentit la parole du curé : « *L'Enfer, c'est le froid* » (1490). Mais, ce voyage à Thulé que Bernanos refait à son tour dans *Monsieur Ouine*, il l'avait déjà tenté une première fois dans le *Soleil de Satan* et on trouverait des images analogues (froid, néant, paysage informe, enfants morts-nés, êtres avortés, brume, boue, étang fangeux). Le mal lui-même se présente comme « *mornes secrets* [...] *grouillement de vies obscures* » (204). Et sans doute il est intéressant de montrer les différences entre les deux romans, mais plus encore, les ressemblances. Dans les métaphores maritimes par exemple : « *C'était comme la chute brusque du vent, sur une mer démontée, dans la nuit noire.* » (212). On retrouve le voyage jusque dans telle conférence faite en 1927, après le *Soleil* : « *Ce titre de* Soleil de Satan *m'a fait une réputation d'explorateur de la terre des ténèbres.* » (II, 1081) (comme Pythéas ?).

Nous voulons dire par là qu'il n'est pas impossible que Bernanos ait eu connaissance, au moment où il rédigeait le *Soleil*, du livre de Maurras, et de son article intitulé « Le repentir de Pythéas ». Les dates ne s'y opposent pas, car le livre de Maurras parut en 1923, l'année où Bernanos a lu à Vallery-Radot « *les cent premières pages* » du *Soleil* (II, 1094). Certaines images apparaissent qui seront reprises dans *Monsieur Ouine*. Certes le *Soleil* et *Monsieur Ouine* sont deux livres bien différents — en apparence seulement, on se rappelle les remarques de Gaëtan Picon sur le roman incessamment repris (I, XVI—XVIII).

Mais il y a plus, Gide lui-même a écrit un voyage à Thulé, ou plutôt, presque aussitôt après les *Cahiers*, *Le Voyage d'Urien*. Or le calembour du titre s'explique justement par le fait que Gide décrit un voyage qui mène ses héros, tout d'abord dans la mer des Sargasses, enfin dans la région du Pôle, où les navigateurs découvrent dans la glace de la banquise un cadavre serrant dans la main un papier blanc. Interprétation disons voltairienne, d'un voyage chez les Esquimaux, humanité enlaidie par le puritanisme. Il s'agit pour Gide de prendre ses distances par rapport aux élans sentimentaux et religieux d'André Walter. Il n'est pas impossible après tout d'imaginer que Maurras lui-même ait fait le rapprochement entre *Thulé des brumes* et *Le Voyage d'Urien*, lorsqu'il écrit son article sur Pythéas, Gide, et la « psychologie du néant ».

On objectera encore que les métaphores citées plus haut appartiennent au fonds commun où puisent tous les poètes — et nous accorderons que dans le *Soleil*, on sent peut-être plus nettement la présence de Baudelaire, que celle de Maurras. Spleen, brouillard, destruction, révolte, crises d'angoisse, sentiment du tragique de la vie, images du voyage ou de « *l'enfer polaire* » (*Chant d'automne*), du « *navire pris dans le pôle / Comme en un piège de cristal* » (« *L'Irrémédiable* »), peut-être même la métaphysique gnostique ou manichéenne [17] de l'auteur des *Fleurs du mal* (« la double postulation »), toute une atmosphère baudelairienne se retrouve dans l'œuvre de Bernanos. Baudelaire aurait pu lui dédier d'ailleurs (comme il le fit à Barbey d'Aurevilly) le poème intitulé « *L'Imprévu* » (« *Harpagon, qui veillait* [...] ») où il attaque particulièrement les bien-pensants ; Satan leur déclare que l'on ne peut pas « tricher », « recevoir deux prix », « aller au ciel » et « être riche » ; s'en prend au « gazetier fumeux » qui a « noyé » « le pauvre dans les ténèbres » ; à « Célimène » qui « roucoule »... : on a reconnu des idées familières à Bernanos (Célimène, par exemple, est nommée dans le *Soleil*, I, 234). Mais précisément Maurras savait Baudelaire par cœur (comme Bernanos le racontait au Brésil) et dans son article sur *Thulé des brumes*, le livre de Retté, il n'oubliait pas de désigner l'auteur des

Fleurs du mal comme le père de cette nouvelle esthétique. Il semble avoir été d'ailleurs plus perspicace que Bernanos sur l'orthodoxie de ce poète qu'il avait tant aimé dans sa jeunesse. En s'en prenant à Baudelaire, comme nous l'avons dit plus haut (dans un article au titre très bernanosien : « L'Amour du Mensonge »), il ne faisait que le rendre plus présent. (Inversement en publiant à la même époque l'éloge d'Anatole France, il en faisait un personnage — caricatural — pour Bernanos.)

Reste que certaines images de *Monsieur Ouine*, en tout cas, ne doivent rien à Baudelaire, au fonds commun de la littérature. Elles figurent au contraire en bonne place dans l'article de Maurras : le « poumon marin », la « gelée blanchâtre », « les poches flasques », « protoplasmes », « protozoaires », ces symboles ne détonneraient pas, certes, si on les rencontrait dans *Les Fleurs du mal* (où l'on trouve l'image du fœtus et de l'avorton). Mais ces images du Mal et du Néant doivent ici symboliser des sentiments vagues, flous, informes ou difformes, très proches du néant, des êtres incertains sans contours et sans loi. En ce sens elles représentent Gide, ses sincérités équivoques, ses curiosités et ses vaines complications.

*

Mais il y a un argument qui nous semble ici décisif : comme nous l'avons signalé plus haut, l'article intitulé « Le Repentir de Pythéas » est immédiatement suivi d'un autre article intitulé : « Sur la Mort de Zola ». Maurras y analyse un phénomène littéraire en apparence opposé, identique dans le fond. Aux mystères gidiens ou symbolistes, s'oppose l'absence de tout mystère — en quoi se résume tout l'effort du chef de l'école naturaliste. La mort de Zola, dit Maurras, connue dans les moindres détails, sur « *laquelle on a fait toute la lumière possible* » (sans oublier les aspects sordides), s'est passée « *comme entre quatre murailles blanchies au lait de chaux* ». « *Tragédie d'une platitude absolue* » conforme au caractère général de l'œuvre de Zola, c'est à quoi ont abouti « *les millions et les milliers d'images de toute sorte qui ont passé par ce cerveau* [...] *odorantes, sapides, auditives, tactiles, et visuelles* » (p. 190), évoquant principalement une « *psychologie de l'habitude* », — ce qu'il y a de « *plus matériel* » dans l'homme ; description des vies « *sans héroïsme* », où tout se déroule « *au temps imparfait* », où les catastrophes elles-mêmes prennent « *un caractère monotone et commun* » (p. 193) [10]. Maurras, soulignant le « *courage sans joie* » de Zola à persévérer dans cette voie, imagine que l'auteur de *Germinal* (cf. les corons de Bernanos), voulant peindre la mort d'une « grisette » qui se jette dans la Seine, pour un chagrin d'amour, nous la montrera d'abord dans toutes les occupations monotones de la journée, les mêmes corvées que d'habitude, pour en faire une « *triviale héroïne* » (comme Mouchette ?), avec ses voisins, son concierge, sa marchande de lait : « *puisque rien, au monde, n'arrive* », dit Maurras. Et tout sera à l'imparfait, même « *les nuages* [...] *les voitures* ».

Mais comme il faut plaire, en particulier à ce public de jeunes gens qui fut le sien, le secret de Zola, « *l'enfance de l'art* » (p. 194) [10], sera de montrer « *les objets que l'on cache généralement* », le « *défendu* », le « *rare* », le « *singulier* », « *l'inconnu* », lever les voiles qui protégeaient ce qui était interdit, le tout avec « *une entière rusticité* » (p. 198) [10], « *une sottise faite de défauts au sens le plus négatif* » (vide, lacune), « *plus de curiosité perverse que de grossièreté ou de licence* » (p. 193) [10]. On voit les traits du portrait qui peuvent se rapporter à *Monsieur Ouine*.

Sans doute d'autres modèles ont dû intervenir dans la création du personnage. Hugo, lui-même, dont Bernanos fait un extraordinaire portrait (II, 1155) : « *Le vieillard magique, toujours béant, inassouvi, grondant d'autant de fantômes qu'une grotte envahie par la mer, prodigieux rassembleur de mots ennemis* [...] *l'homme au ventre de demi-dieu, encore ivre, au seuil de la vieillesse, de tous les rêves impubères, d'aplomb entre le grotesque et le sublime* [...].» C'est lui encore le «*vieux Silène au poil gris*» de la conférence sur la Commune (I, 1195). Peut-être aussi «*le Booz laïque*» de janvier 1932, l'«*écornifleur septuagénaire*» (I, 1235), qui fait penser évidemment à *Monsieur Ouine*. Mais précisément Maurras considérait Zola comme l'héritier littéraire de Hugo, pour sa «*rhétorique naïve*» (p. 196) [10], dont l'essentiel est de prêter une âme aux choses, à la matière, aux foules, aux masses. Daudet raconte dans ses souvenirs que telle était en effet l'ambition de Zola, comment, lors des funérailles de Hugo, le père du naturalisme laissait voir son désir de prendre la succession.

Un autre modèle de Ouine semble avoir été Thérive : «[...] *je pense à M. Thérive* [...], *l'éminent critique du* Temps [...].» (II, 1231) (écrivain «populiste» comme Zola ou Ganse ? I, 879), qui évoque par «*sa personne physique, la nature de son génie* [...], *plutôt la stéarine que le bronze*» (II, 1232). Thérive, avec son petit «*bagage de professeur*», «*la canne à pêche et le Vespéral pour messes noires* [...] *au fond de ce rez-de-chaussée glacial du* Temps *dont l'humidité légendaire ensemencerait le marbre.* [...] *caverne où flotte l'ombre du cyclope Souday, Polyphème radical et valéryen*» (le château de *Monsieur Ouine* ?), représentant «*les pions littéraires*», les cuistres, «*merveilleux insectes*» (1233), destructeurs comme le ver, absorbant peu à peu «*toute la vérité, tout le tragique des événements et des êtres*». On voit que l'on ne s'écarte guère ici ni de Zola ni de Ouine.

L'article de Maurras sur Zola fut publié pour la première fois en 1902, puis dans le recueil de 1923. Or le premier article de Bernanos, dans *L'Avant-garde de Normandie*, en 1913, intitulé « Zola ou l'Idéal » (II, 927), nous montre le scandale que constitue l'admiration de jeunes Français pour ce Vénitien insolent et rusé, car cherchant la grandeur qu'on lui refuse, elle est « *capable d'en trouver jusqu'au fond de l'abaissement* » (929). C'est bien là un des thèmes de *Monsieur Ouine*. La petite chambre évoquée par Maurras ne rappelle-t-elle pas celle de M. Ouine ? Et le sujet du roman n'est-ce pas exactement la « Mort de M. Ouine », ce qui rappellerait le titre de Maurras : « Sur la Mort de Zola ». (Peindre la mort de quelqu'un qui, ayant tout décrit, ne garde pourtant plus assez de vérité intérieure pour avoir une âme à l'agonie.) Physiquement d'ailleurs, M. Ouine ressemblerait certes davantage à Zola qu'à Gide. (Et même le fameux chapeau melon, différent des « cloches » portées par Gide.) Mais finalement ces deux personnages ont assez de points communs, ne serait-ce que parce qu'ils sont tous les deux plus ou moins « *évangélistes* » (p. 197)[10], à la manière de M. Ouine, qui semble être un prêtre défroqué, s'il n'est pas Satan lui-même. Tous deux cultivent avec plus ou moins de bonheur leurs sensations, respirent les fleurs du Mal. Dans *Monsieur Ouine* (où Zola « *l'olfactif* » est mentionné comme référence, I, 1394), Bernanos a d'ailleurs complété le personnage central, par son double, Arsène, au nez phallique et turgescent ; celui-ci, peut-être parce qu'il n'est pas allé « *jusqu'au bout de soi-même* » (1371) comme M. Ouine, ou qu'il n'a pas sa subtilité ou sa force intellectuelle, est incapable d'évacuer les images qui obstruent sa mémoire. Double aboutissement d'une même faute. Dans les deux cas la luxure est associée à la mort, idée chère à Bernanos, qui reparaît dans tous ses romans et qui n'a certes rien d'original, sinon par l'insistance avec laquelle l'auteur de *Monsieur Ouine* y revient. (Ici encore, on pourrait mentionner Baudelaire, son poème intitulé « *Les*

Deux bonnes sœurs » : *« La Débauche et la Mort sont deux aimables filles ».)*

Mais M. Ouine, on le sait, bien que s'étant nourri des nourritures les plus riches, au point « d'extrême maturité » avant la corruption, avoue n'avoir « *eu faim que des âmes* », essayant de rivaliser avec Dieu lui-même (I, 1558). Par cet aspect du personnage on pense plutôt à Gide — ou à sa légende — qu'à Zola, peintre de ce qu'il y a de plus matériel dans l'homme. Pourtant la mort de M. Ouine est conforme à l'idée de Maurras selon laquelle, dans l'œuvre de Zola, l'homme se « pétrifie », en même temps que les choses deviennent animées comme chez les « fétichistes » : le visage du mort devient un cachet dans la cire, avant de prendre la couleur de l'argile, tandis que le nez s'allonge « *démesurément* » (1562). Ouine, c'est donc à la fois Gide et Zola, et la proximité des deux articles dans le recueil n'a-t-elle pu contribuer à mêler les traits des deux portraits ? Si l'on compare avec le romancier Ganse, du *Mauvais rêve* (œuvre jumelle de *Monsieur Ouine*), on retrouvera les mêmes modèles. Mais si dans Ouine il y a malgré tout plus de Gide que de Zola, chez Ganse — « *Zola supérieur* » (I, 879) auquel Mainville préfère Gide (881) —, les proportions du mélange semblent inversées. Ce qui est assez évident, c'est la présence de Zola : outre l'allusion à Zola-Arsène, on peut en citer pour preuve cette lettre de Bernanos écrite à Jorge de Lima, après la parution de *Monsieur Ouine* au Brésil, où il prétend que l'on peut rester lucide dans un roman « *onirique* », et s'insurge contre « *les gens qui n'admettent que les réalités de Zola* » (*Corr.*, II, 523). Ajoutons qu'il est peu probable aussi que Bernanos n'ait pas lu ou entendu les fréquentes plaisanteries de Daudet (cité au début du *Mauvais rêve*, I, 882) sur l'auteur de *L'Assommoir* (qu'il avait bien connu), son zézaiement, son nez « bifide » — Maurras dans son article de 1902 se moquait de la sympho-

nie des fromages (p. 196)[10] ; Ganse est fils de crémier ![18] —,
ses prétentions, ses naïvetés. C'est Daudet, par exemple, qui
raconte constamment — comme Ganse (I, 878) — que Zola
déclarait être un « chaste », comme les grands créateurs.
Très vraisemblablement aussi, Bernanos avait lu le pamphlet de Bloy, *Je m'accuse,* où revient cette prétention à la
chasteté, si ce n'est le commentaire (socialiste) de Péguy sur
Fécondité[19], roman que Bloy attaquait tout particulièrement
pour son lyrisme grotesque et laborieux, l'impuissance éta-
lée dans une œuvre exaltant la Vie, le Désir. Fleuves de sève,
de lait, semences, frai, laitances, germes, femmes fécondes
et terres fécondées... — tout ce qui répugne à M. Ouine et
à Philippe précisément : « *Zola grouille là-dedans comme le
têtard dans son marais* » écrit Bloy[20]. On pense à M. Ouine,
à son « *bourbier* » (l'expression est employée par Barbey d'Aurevilly, cité en tête de son pamphlet par Bloy[21] — à propos
de l'œuvre de Zola), mais Ganse lui-même ne saurait être
considéré comme un simple « gaga » ou gâteux, expressions
flatteuses adressées par l'auteur de *Je m'accuse* au « Crétin
des Pyrénées », au « Christophe Colomb du Lieu Commun » !
Et sans doute Barbey, dans la page citée par Bloy, écrivait
qu'à force de peindre la boue, Zola était « *devenu boue lui-
même* », ce qui fait penser à la figure couleur d'argile du
cadavre de M. Ouine. Peut-on appliquer au professeur de
langues vivantes de Bernanos le jugement de Bloy sur
l'auteur de *Fécondité* qui a le « *secret de ne rien écrire en
des milliers de lignes* » ? Dire qu'il a outragé la Justice en
la défendant (Affaire Dreyfus), et qu'il est scandaleux de le
voir « *régner sur la France* » (comme M. Ouine sur la
paroisse) ? Mais en 1931, c'est Gide qui « règne » sur la
France. Il fallait peut-être la conjonction de ces « influences »,
fort vraisemblables certes, avec ces articles de Maurras juxta-
posant Gide et Zola pour que naissent, nous semble-t-il, Ouine

et Ganse. Il est vrai que telle page de Péguy (écrite en 1899)[22], évoquant l'interpénétration du bien et du mal, « *leur mysté-rieuse parenté* », critiquant la psychologie « *grossière* », « *méca-nique* » de Zola s'accorde bien avec l'univers qu'évoquent, avec plus de force et de pénétration, les deux articles de Maurras.

*

On voit qu'il est possible de trouver des « sources » très diverses aux romans de Bernanos, et qui interfèrent, se ren-forcent, se mêlent dans l'imagination créatrice. Dans quelle mesure l'auteur a-t-il utilisé, consciemment ou non, ces rémi-niscences, c'est où il est facile d'objecter, comme un obstacle invincible, l'impossibilité où l'on se trouve de faire la preuve. Pourtant personne ne niera que la « double postulation » du *Soleil* vient de Baudelaire — et non d'un ouvrage de mys-tique, et qu'il y a là une indication intéressante. Maurras n'aurait-il eu aucune influence, n'a-t-il pu fournir des thèmes, des images, des formules, qui pour le moins rejoignaient les préoccupations de Bernanos ? Notons que rien dans la chronologie ne permet de le nier. Si *Monsieur Ouine* est par-ticulièrement intéressant, c'est qu'il est commencé en 1931, alors que Bernanos n'a pas encore rompu avec Maurras. Il vient de lire, en 1929, l'enquête auprès de la jeunesse des *Nouvelles littéraires* qui lui révèle l'influence de Gide et qu'il commente d'un ton scandalisé (II, 1133sqq.). On sait qu'il a pu connaître dans les années 1920—1926, en même temps, aussi bien des œuvres essentielles réédités ou non, de Gide, les jugements de Massis (auxquels il se réfère), et ce recueil de critique littéraire de Maurras, sur lequel repose l'essen-tiel de notre thèse, *L'Allée des philosophes*.
    En même temps il s'est rapproché de Maurras, en 1926, et il a violemment réagi à la condamnation : « *Le commu-*

nisme, né de l'esprit d'Israël, qui veut, avec Satan, que le royaume de Dieu soit de ce monde, exploite le désordre à fond. » (II, 1066). En 1931, Gide est communiste (jusqu'en 1936). Bernanos le rappelle en 1945, en le défendant contre Aragon. L'angoisse qui règne dans *Monsieur Ouine* se trouvait également dans la *Grande peur* (publiée en 1931). La question qui obsède Bernanos se pose aussi d'ailleurs à propos de la société américaine. Le pays de Ford semble assimilé dès cette époque à la société communiste, comme on le voit dans l'interview de 1931 (1217). Bernanos éprouve la hantise de « *la ruche* », de la « *fourmilière* » (I, 1218), de l'humanité qui « *s'organise pour se passer de Dieu* » (1219) dans la grande « *solitude de l'homme moderne* », cette « *tristesse* », « *ce goût de suie que nous prenons volontiers pour l'odeur des villes mais qui gagne peu à peu, mystérieusement, de colline en colline, jusqu'à nos plus secrets hameaux* » (1225). Car les détails empruntés à la vie campagnarde ne doivent pas nous tromper ; on voit bien que Bernanos ne peint guère la vie aux champs. Nous voulons dire que s'il exprime avant tout, certes, son expérience du monde et de lui-même, sans séparer la description de la réalité sociale des problèmes spirituels, un roman comme *Monsieur Ouine* porte initialement la marque de la critique politique maurrassienne, tout comme les livres antérieurs. Ce qui nous inciterait à conclure que *Monsieur Ouine* n'est pas en fait le *dernier*, ou le grand roman de Bernanos, même s'il ne fut pas achevé tout de suite.

Le livre qui est à part, c'est le *Journal*. Bernanos, on le sait, prétendait mettre la ligne de partage après *L'Imposture*. Avec *Monsieur Ouine* et *Un Mauvais rêve* (Gide et Zola) écrits ensemble, pour l'essentiel, il pensait commencer une nouvelle phase de sa production romanesque. Or cela ne nous paraît pas si évident, et les rapprochements entre *Monsieur Ouine* et le *Soleil*, tendent selon nous à prouver le contraire. En 1931, une fois de plus, mais sous une autre forme, Bernanos recommence à écrire le *Soleil de Satan* ; la lecture de Gide d'une part, les articles de Maurras d'autre part ont fixé son attention sur un personnage complexe « Gide-Zola » (avec une part d'incertitude et de liberté due à l'invention romanesque), qui sera le Mal : un diable sans miracles et pourtant mystérieusement maléfique — représentant le néant, le froid, la mort, la destruction, qui semblent gagner non plus un village certes, mais le monde moderne, dans sa réalité sociale politique et spirituelle. Outre les deux personnages, Maurras semble — comme nous l'avons déjà relevé — avoir fourni les images se rapportant au voyage polaire, le voyage à Thulé, les métaphores du mal (les « poches flasques » au fond des mers hyperboréennes, le « frai humain », les « gelées blanchâtres »), toutes images que l'on peut rapporter plus ou moins aux habitudes sexuelles chères à l'auteur de *Corydon*, mais qui, dans l'article de Maurras, sont unies à l'évocation du cas Gide, juste avant l'article consacré à l'agonie de Zola. Le vice d'André Walter, selon Maurras, c'était l'indétermination ; en 1929, Bernanos reproche aux jeunes disciples de Gide de ne pas vouloir *choisir* (II, 1136), en ajoutant : « *Seulement le choix est fait. Il a été fait sans eux, voilà tout.* » Il y aurait donc là, grâce aux suggestions de Massis et Maurras, à la lecture directe de Gide lui-même sans doute, plus qu'une formule, une image accolée à un personnage, une nouvelle façon de poser le problème du Mal. On mesure le chemin parcouru par rapport au *Soleil*.

Enfin on peut même se demander si, dans *Monsieur Ouine*, Bernanos n'est pas revenu à sa source première, en se retournant contre son maître. Nous voudrions nous aider ici de *Scandale de la vérité* ou de *Nous autres Français*, publiés avant la parution de *Monsieur Ouine*, dans lesquels apparaît le professeur Maurras. C'est un humaniste il est vrai et non un professeur de langues modernes comme Ouine ; toutefois Maurras parle le langage des réalistes modernes. Ainsi partis de Maurras nous revenons à lui. De 1931 (date où *Monsieur Ouine* fut commencé — avant la rupture) à 1940, année où le roman fut terminé, Bernanos a profondément modifié le jugement, de plus en plus sévère, qu'il porte sur Maurras. Celui-ci, après avoir fourni en partie le thème initial, semble, sinon prêter son personnage à Ouine (comme il le faisait déjà indirectement pour Saint-Marin), du moins être vu, finalement à travers lui : ce n'est plus la réalité qui donne naissance au « rêve » du romancier, mais, inversement, le rêve qui se projette sur la réalité (d'où notre recours aux pamphlets), avec possibilité de reflets réciproques.

Nous sortons ainsi de l'œuvre romanesque. Pourtant, c'est bien le « roman de Maurras » que nous pouvons lire, par exemple, au début de *Nous autres Français*. Maurras, vieux « professeur », « *vieillard inépuisable en discours* » (II, 641), « corrupteur » de la jeunesse (644), défini par sa doctrine « *comme les théologiens définissent Dieu, non par ce qu'il est, mais aussi par ce qu'il n'est pas* » (645), prêt à recevoir « *de l'argent du diable* » pour l'Action française (« *Du diable* » — dit Bernanos — « *Cette pensée m'a souvent fait rêver* [...]. », 661). Maurras, dont l'écrivain soupçonne qu'il a soigneusement caché « *sa vérité profonde* » (644), c'est-à-dire son âme, « *probablement* [...] *oubliée de lui-même* » (645). Maurras dont il écrit qu'il s'agit d'un homme que l'on respecte dans la mesure où l'on s'est assuré « *qu'il ne se rendra pas coupable d'héroïsme* » (649). Maurras dont la doctrine, en partie stérile, « *empoisonne notre air* » (652). Dans *Scandale de la vérité*, Bernanos déclare Maurras « *étranger à toute vie intérieure surnaturelle* » (581), « *volontairement étranger à* [...] *la tradition chrétienne française* » (583), subis-

sant un « *exceptionnel destin* » (588), qui inspire presque
« *une terreur sacrée* » et ressemble à l'une « *des formes les
plus cruelles de la damnation en ce monde* » (589) (n'étaient
les « desseins » inconnus « de Dieu »). Le retournement idéologique de l'auteur de *Monsieur Ouine* contre Maurras n'a-t-il
pu avoir comme un écho dans un roman dont la rédaction
s'étire sur une dizaine d'années, même si l'idée première
— comme nous l'avons suggéré — peut être contemporaine
de *Sous le soleil de Satan* ? Dans les *Cimetières*, on retrouve
d'ailleurs le terme « *poches marines* » (359) pour désigner
« *l'esprit partisan* » de l'Action française, responsable de ces
« *grossières créations* » (voir aussi la note de Jacques Chabot,
1452).

Maurras jouant en France le même rôle que M. Ouine
à Fenouille ? Ce n'est qu'une hypothèse, reconnaissons-le. Un
personnage romanesque, certes déjà bien complexe, même
s'il obsède encore Bernanos dans les pamphlets qu'il écrit
contre Maurras, ne saurait finalement se réduire à la super-
position, à une sorte de synthèse laborieuse de différents
modèles historiques ou figures d'écrivains. Bernanos expli-
quait en 1935 comment des personnages réels deviennent
« *transformés peu à peu* », « *mêlés à d'autres, une créature
imaginaire plus réelle pour moi qu'un vivant* » (*Corr.*, II, 115).
Mais nous avons simplement cherché les premiers matériaux
de la création littéraire (ou certains d'entre eux), principalement dans le *Soleil* et *Monsieur Ouine*, essayé de préciser la
date de leur découverte et du projet initial.

NOTES

ÉDITIONS UTILISÉES

Che   Paris, Gallimard, 1948.
Rob   Paris, Plon, 1970.

*

1. C'est ce qu'il écrivait à « *cet idiot de Coty* », pour reprendre une expression utilisée dans une lettre adressée à Robert Vallery-Radot (*Corr.*, I, 418).

2. Contrairement à ce que déclare Bernanos (II, 647), il avait effectivement sollicité — par l'entremise de Massis, il est vrai — l'appui de Daudet et du journal de Maurras pour ses deux premiers romans, et avait été comblé de joie par un article de Daudet en 1929 qui le mettait au même rang que Proust après la publication de *La Joie*, tout en le célébrant comme « orateur » et « tribun ». Voir *Corr.*, I, 197, 318, 345.

3. La formule, avec l'adjectif, vient d'Auguste Comte selon Maurras (« *la plus stricte et la plus émouvante de ses formules* », dit Maurras in A. COMTE, *L'Avenir de l'intelligence*, Paris, N.L.N., 1909, p. 113).

4. Cf. MAURRAS, *Mes idées politiques* (Paris, Arthème Fayard, 1937), p. 300.

5. La patrie est une Mère, dit Bernanos dans les *Robots*, elle refuse la guerre totale. Maurras cite le terme de « Matrie » pour le pays natal dans *L'Allée des philosophes* (Paris, Crès, 1924, p. v), avancé par un certain Berluc-Perussis ami de Mistral (ce dernier se refusant à employer le terme de « petite patrie »).

6. Il n'y a en somme que *Journal d'un curé de campagne* et *Nouvelle histoire de Mouchette* qui aient été commencés après 1932.

7. Voir Léon CELLIER, « Aperçus sur la genèse de *Sous le soleil de Satan* », *ÉB12*. Dans le même article, voir les allusions à *Thaïs* et à la « *fille verte* » dans Bloy (*Le Désespéré*).

8. Voir Léon CELLIER, *Le Figaro littéraire*, 6 avril 1970.

9. Hubert SARRAZIN, *Bernanos no Brasil* (Matriz, Vozes, 1968), p. 206. Voici la traduction que je puis donner de ces lignes : « Comme chaque fois qu'il cite Maurras, il imite sa voix rauque et sifflante : "Ch'aime Baudelaire autant que fous...". Maurras, dit Bernanos, savait par cœur tous les vers de Baudelaire [...]. Pourtant [...] il voyait en Baudelaire le commencement de la décadence. »

10. MAURRAS, *L'Allée des philosophes*, édition citée (voir n. 5).

11. MAURRAS, *L'Étang de Berre* (Paris, Champion, 1915), pp. 245sq.

12. À signaler que Maurras a publié en 1920 (N.L.N.) un ouvrage sur Dante, *Le Conseil de Dante* (essai de critique littéraire et politique).

13. On notera le manichéisme de ce mythe solaire.

14. Massis, cité par Claude Martin, *André Gide par lui-même* (Paris, Seuil, 1963), pp. 140-1.

15. Martin, *ibid.*, p. 182.

16. Faut-il penser aux poumons de M. Ouine ? (Gide était allé guérir en Afrique une primo-infection...).

17. Selon J. Duron, *Revue des sciences humaines*, 1958, p. 71sq. (cité par A. Adam dans l'Introduction aux *Fleurs du mal*, [Garnier] p. xviii). Parmi les « rapprochements » que l'on peut faire avec Baudelaire, citons encore, dans le poème intitulé *« Une gravure fantastique »* : *« la rosse apocalyptique* [...] *la monture qui broie les foules sans nom* [...] *dans le cimetière immense et froid ».*

18. Daudet évoque Zola in *Les Œuvres dans les hommes* (Paris, N.L.N., 1922), pp. 92 et 129.

19. Péguy, *Œuvres en prose (1898—1908)* (Paris, Gallimard, « Bibliothèque de la Pléiade », 1959), pp. 546sqq.

20. Bloy, *Je m'accuse* (Paris, Mercure de France, 1965), p. 199.

21. *Ibid.*, p. 167.

22. Péguy, *Œuvres en prose (1898—1908)*, *op. cit.*, p. 555.

TABLE

Le Directeur-Gérant M. J. Minard   Dépôt légal : 3° Trimestre 1974
Imprimerie Graphi-Technique - Paris